MIDI SAVEURS
Lunchs et petits plats

Catalogage avant publication de Bibliothèque et Archives
nationales du Québec et Bibliothèque et Archives Canada

Bilodeau, Émilie
Midi saveurs : lunchs et petits plats
Comprend un index.
ISBN 978-2-89705-350-5
1. Cuisine pour boîtes à lunch. 2. Livres de cuisine. I. Titre.
TX735.B54 2015   641.5'3   C2015-940473-8

Présidente : Caroline Jamet
Directeur de l'édition : Éric Fourlanty
Directrice de la commercialisation : Sandrine Donkers
Responsable gestion de la production : Carla Menza
Communications : Marie-Pierre Hamel

Éditrice déléguée : Sylvie Latour
Conception graphique et montage : Célia Provencher-Galarneau
Photographe : Sarah Mongeau-Birkett
Photographie de la couverture arrière : Katya Konioukhova
Stylisme : Émilie Bilodeau et Sarah Mongeau-Birkett
Révision linguistique : Anik Tia Tiong Fat-Samson
Correction d'épreuves : Yvan Dupuis

L'éditeur bénéficie du soutien de la Société de développement des
entreprises culturelles du Québec (SODEC) pour son programme
d'édition et pour ses activités de promotion.

L'éditeur remercie le gouvernement du Québec de l'aide financière
accordée à l'édition de cet ouvrage par l'entremise du Programme
de crédit d'impôt pour l'édition de livres, administré par la SODEC.

Nous reconnaissons l'aide financière du gouvernement du Canada
par l'entremise du Fonds du livre du Canada (FLC).

Nous remercions le Conseil des arts du Canada de l'aide accordée
à notre programme de publication.

LES ÉDITIONS LA PRESSE
Les Éditions La Presse
7, rue Saint-Jacques
Montréal (Québec)
H2Y 1K9

Émilie Bilodeau

MIDI SAVEURS

Lunchs et petits plats

LES ÉDITIONS **LA PRESSE**

:·:·:·:·: TABLE DES MATIÈRES :·:·:·:·:

AVANT-PROPOS

· · · · ·

Lorsqu'on m'a approchée pour l'écriture d'un livre de recettes pour boîte à lunch, ma première réaction a été : quelle idée géniale ! Puis, je me suis mise à repenser à ma première année d'école et à ma relation trouble avec ma boîte à lunch. Ouf ! j'en ai donné du fil à retordre à ma mère ! En fait, j'étais exactement le genre d'enfant qui décourage un parent !

Ma mère avait beau me préparer son meilleur macaroni à la viande ou sa plus belle salade niçoise, j'ai le souvenir de m'être retrouvée à l'infirmerie à presque tous les dîners parce que j'avais mal au cœur. Ces nausées, elles existaient vraiment ! Mais elles n'avaient rien à voir avec mes lunchs. Je souffrais d'un problème de détachement maternel bien plus que d'un manque d'appétit.

Au milieu de ma première année, ma famille et moi avons déménagé en Colombie-Britannique. Le changement d'air m'a visiblement fait grand bien, car je ne me rappelle pas m'être retrouvée en tête-à-tête avec l'infirmière à l'heure du dîner.

Le temps a filé, le secondaire est arrivé et le moment était venu de faire mes lunchs moi-même. Pour être honnête, je ne me compliquais pas la vie. Un sandwich, un jus, un yogourt, un fruit, rien de très élaboré, mais juste assez d'aliments pour me sentir de nouveau pleine d'énergie. À l'école secondaire, il y avait une cafétéria. Même si mes lunchs n'étaient pas très originaux, je les préférais tout de même aux repas offerts à l'école. En fait, la bouffe m'apparaissait ordinaire et je n'avais pas tellement envie de faire la file pendant de longues minutes, puis d'arriver à la table où se trouvaient mes amies et de constater qu'elles achevaient leur lunch.

Aujourd'hui, je prépare souvent mes lunchs, mais il m'arrive de sauter quelques matins. En plus, à *La Presse* où je travaille comme journaliste aux sections Pause Repas et Gourmand, nous sommes assez choyés quand vient l'heure du dîner. Le quartier chinois est à un coin de rue sans compter toutes les sandwicheries du Vieux-Montréal. Sauf que... lorsque je n'ai pas de lunch et que l'heure du repas arrive, mes collègues et moi, nous nous posons toujours la même question : qu'est-ce qu'on mange ? Même si le choix est abondant, on dirait que rien ne nous inspire.

Dans tous les cas (excepté dans la section « Je l'ai fait moi-même »), il s'agit de portions pour adultes ou adolescents qu'on ajuste en conséquence pour les plus petits.

De là l'avantage de me préparer un lunch. C'est meilleur, c'est plus économique et ça procure un certain sentiment de fierté surtout lorsque celui-ci suscite des réactions comme : « Wow ! Ça donc bien l'air bon ! »

Voilà ce que j'avais en tête en élaborant les recettes qui suivent. Je voulais qu'elles soient faciles et rapides à préparer, qu'elles vous fassent languir d'impatience en attendant les 12 coups de midi et qu'elles vous procurent le plaisir de répondre aux compliments de vos collègues par : « Oui, c'est moi qui l'ai fait ! »

J'aimerais que ce livre vous donne ou redonne le goût de faire vos lunchs et vous inspire avec des recettes et des idées qui sortent de l'ordinaire. Et tant qu'à y être, que ces plats vous donnent envie de les mettre sur votre table pour le brunch du dimanche, pour l'apéro entre amis ou pour les soupers en famille.

Rien ne vous empêche d'ailleurs de changer tel ou tel ingrédient. Parce qu'en fait, il s'agit d'un livre pour vous inspirer des repas qu'ils soient pour emporter ou pour déguster dans le confort de votre maison !

∴∴∴∴ LUNCHS COOL ∷∴∴∴

Il vient parfois un moment où l'on se lasse des
sandwichs et des salades. Des solutions de rechange
qui feront saliver vos amis ou vos collègues, il en existe
bel et bien. Même si elles sortent de l'ordinaire,
ces recettes restent faciles à préparer.

Cette recette est parfaite pour accommoder
des restes de poulet ou de crevettes.

TACOS AU STEAK

INGRÉDIENTS

15 ML (1 C. À SOUPE) DE CRÈME SURE

2,5 ML (½ C. À THÉ) DE ZESTE DE LIME HACHÉ

2 TORTILLAS

2 FEUILLES DE LAITUE BOSTON

75 ML (⅓ TASSE) DE STEAK CUIT, COUPÉ EN LANIÈRES

4 RADIS, TRANCHÉS FINEMENT

30 ML (2 C. À SOUPE) DE FETA ÉMIETTÉ

CORIANDRE FRAÎCHE, AU GOÛT

POIVRE, AU GOÛT

PRÉPARATION

1. Dans un petit bol, mélanger la crème sure, le zeste de lime et le poivre. Étaler le mélange sur les tortillas.

2. Déposer les feuilles de laitue sur les tortillas. Ajouter le steak, les radis, le feta et les feuilles de coriandre.

3. Rouler les tortillas et faire tenir avec un cure-dent ou une ficelle.

PILONS DE POULET

INGRÉDIENTS

60 ML (¼ TASSE) DE SAUCE SOYA
60 ML (¼ TASSE) DE MIEL
15 ML (1 C. À SOUPE) DE GINGEMBRE HACHÉ
1 GOUSSE D'AIL, HACHÉE
8 PILONS DE POULET SANS PEAU

PRÉPARATION

1. Préchauffer le four à 200 °C (400 °F).

2. Dans un bol, mélanger la sauce soya, le miel, le gingembre et l'ail.

3. Placer les pilons de poulet dans un plat de cuisson carré de 21 cm (8 ¼ po). Les recouvrir de marinade.

4. Cuire au four 30 minutes. Retourner les pilons et poursuivre la cuisson 30 minutes.

5. Désosser le poulet pour les plus petits. Pour les plus grands, envelopper l'os d'un morceau de papier d'aluminium pour éviter qu'ils ne se salissent les doigts.

6. Servir chaud dans un contenant isotherme ou froid avec des crudités.

BRUSCHETTAS

INGRÉDIENTS

2 TRANCHES DE PAIN, STYLE BELGE
250 ML (1 TASSE) D'EMMENTHAL RÂPÉ
1 TOMATE, COUPÉE EN DÉS
5 FEUILLES DE BASILIC, CISELÉES
1 GOUSSE D'AIL, HACHÉE FINEMENT
SEL ET POIVRE, AU GOÛT

PRÉPARATION

1. Préchauffer le four à 180 °C (350 °F).

2. Déposer les tranches de pain sur une plaque de cuisson. Garnir d'emmenthal râpé.

3. Enfourner 8 minutes. Poursuivre la cuisson sous le gril « broil » 2 minutes.

4. Dans un bol, mélanger les tomates, le basilic et l'ail. Saler et poivrer au goût.

5. Mettre le pain et le mélange de tomate dans deux contenants séparés. Assembler à l'heure du lunch.

FALAFELS

INGRÉDIENTS

1 BOÎTE DE 540 ML (19 OZ) DE POIS CHICHES,
RINCÉS ET ÉGOUTTÉS

250 ML (1 TASSE) DE PERSIL

1 ÉCHALOTE FRANÇAISE, HACHÉE GROSSIÈREMENT

2 GOUSSES D'AIL

2,5 ML (½ C. À THÉ) DE PAPRIKA

2,5 ML (½ C. À THÉ) DE CUMIN

30 ML (2 C. À SOUPE) DE FARINE

2,5 ML (½ C. À THÉ) DE BICARBONATE DE SOUDE

SEL ET POIVRE, AU GOÛT

PRÉPARATION

1. Préchauffer le four à 180 °C (350 °F).

2. Placer tous les ingrédients dans un robot
   et broyer.

3. Former des boulettes d'environ 5 cm (2 po)
   de diamètre et les déposer sur une plaque
   de cuisson tapissée de papier parchemin.

4. Cuire au four 30 minutes en retournant les
   boulettes à mi-cuisson.

5. Accompagner les falafels d'un pain pita,
   d'une trempette au yogourt citronnée
   et de crudités.

TREMPETTE AU YOGOURT CITRONNÉE

:·:·:·:·: **POUR 125 ML (½ TASSE)** :·:·:·:·:

125 ML (½ TASSE) DE YOGOURT
GREC NATURE

1 GOUSSE D'AIL

5 ML (1 C. À THÉ) DE ZESTE DE CITRON

5 ML (1 C. À THÉ) DE JUS DE CITRON

SEL ET POIVRE, AU GOÛT

PRÉPARATION

1. Dans un bol, mélanger
   tous les ingrédients.

CROQUETTES DE SAUMON ET DE PATATES DOUCES

INGRÉDIENTS

1 ŒUF
250 ML (1 TASSE) DE PATATE DOUCE PELÉE ET RÂPÉE
2 OIGNONS VERTS, HACHÉS FINEMENT
1 BOÎTE DE 213 G (7,5 OZ) DE SAUMON ROSE, ÉGOUTTÉ
60 ML (¼ TASSE) DE PANKO OU DE CHAPELURE NATURE
SEL ET POIVRE, AU GOÛT

PRÉPARATION

1. Préchauffer le four à 200 °C (400 °F).

2. Dans un grand bol, fouetter l'œuf. Ajouter la patate douce râpée, les oignons verts et le saumon. Saler, poivrer et mélanger avec les mains.

3. Former des croquettes d'environ 4 cm (1½ po) de diamètre avec le mélange au saumon, puis les rouler dans la chapelure.

4. Déposer les croquettes sur une plaque de cuisson tapissée de papier parchemin. Cuire au four 30 minutes.

5. Servir avec une mayonnaise nature ou aromatisée (pp. 196-197).

PIZZA NAAN AUX PÊCHES

INGRÉDIENTS

1 PAIN NAAN
2,5 ML (½ C. À THÉ) D'HUILE D'OLIVE
1 FROMAGE BOCCONCINI, COUPÉ EN RONDELLES
½ PÊCHE, COUPÉE EN TRANCHES
3 TRANCHES DE PROSCIUTTO
2,5 ML (½ C. À THÉ) DE VINAIGRE BALSAMIQUE
15 ML (1 C. À SOUPE) DE BASILIC FRAIS, CISELÉ
SEL ET POIVRE, AU GOÛT

PRÉPARATION

1. Préchauffer le four à 180 °C (350 °F).

2. Badigeonner le pain naan d'huile d'olive. Déposer les rondelles de bocconcini et les tranches de pêche. Saler et poivrer.

3. Placer la pizza sur une plaque de cuisson tapissée de papier parchemin et cuire au four de 10 à 15 minutes ou jusqu'à ce que le fromage soit fondu.

4. Ajouter les tranches de prosciutto, arroser de vinaigre balsamique et parsemer de basilic haché. Couper la pizza en carrés ou en triangles.

5. Cette pizza se mange froide.

Remplacez la
pêche par ¼ de
poivron rouge
coupé en dés.

MUFFIN-REPAS AU BROCOLI ET AU CHEDDAR

∷∷∷∷ **POUR 12 MUFFINS** ∷∷∷∷

INGRÉDIENTS

175 ML (¾ TASSE) DE FARINE TOUT USAGE

175 ML (¾ TASSE) DE FARINE DE BLÉ ENTIER

10 ML (2 C. À THÉ) DE POUDRE À PÂTE

15 ML (1 C. À SOUPE) DE SUCRE

2,5 À 5 ML (½ À 1 C. À THÉ) DE SEL

1 ŒUF

125 ML (½ TASSE) DE RICOTTA

45 ML (3 C. À SOUPE) D'HUILE DE CANOLA

125 ML (½ DE TASSE) DE LAIT

250 ML (1 TASSE) DE CHEDDAR RÂPÉ

500 ML (2 TASSES) DE PETITS BOUQUETS DE BROCOLI CUIT

1 OIGNON VERT, HACHÉ FINEMENT

PRÉPARATION

1. Préchauffer le four à 180 °C (350 °F).

2. Dans un bol, mélanger les ingrédients secs.

3. Dans un autre bol, fouetter l'œuf. Ajouter la ricotta, l'huile de canola, le lait et fouetter jusqu'à ce que le fromage soit incorporé.

4. Ajouter graduellement les ingrédients secs aux ingrédients liquides.

5. Ajouter le cheddar, le brocoli, l'oignon vert et mélanger avec les mains.

6. Répartir le mélange dans 12 moules à muffins.

7. Cuire au four 25 minutes ou jusqu'à ce qu'un cure-dent inséré au centre des muffins en ressorte propre.

QUESADILLA AU POULET

INGRÉDIENTS

60 ML (¼ TASSE) DE POIVRON ROUGE, COUPÉ EN DÉS
125 ML (½ TASSE) DE POULET EFFILOCHÉ OU COUPÉ EN CUBES
125 ML (½ TASSE) DE CHEDDAR RÂPÉ
4 TOMATES CERISES, COUPÉES EN QUATRE
TABASCO (FACULTATIF)
2,5 ML (½ C. À THÉ) D'HUILE D'OLIVE
2 TORTILLAS

PRÉPARATION

1. Dans un bol, mélanger le poivron, le poulet, le cheddar, les tomates cerises et quelques gouttes de Tabasco.

2. Dans une poêle antiadhésive, chauffer l'huile à feu doux.

3. Déposer une tortilla dans la poêle. Répartir la garniture et recouvrir de l'autre tortilla.

4. Griller jusqu'à ce que la tortilla du dessous soit dorée et croustillante. Retourner la quesadilla et poursuivre la cuisson.

5. Déguster chaud ou froid.

ROULEAUX DE SAUMON ET CRUDITÉS

INGRÉDIENTS

SAUCE PIQUANTE

2,5 ML (½ C. À THÉ) DE MAYONNAISE

2,5 ML (½ C. À THÉ) DE SAUCE PIQUANTE SRIRACHA

1 MORCEAU DE CONCOMBRE DE 6 CM (2⅜ PO)

2 FEUILLES DE RIZ

125 ML (½ TASSE) DE RIZ CUIT

8 LANIÈRES DE POIVRON ROUGE

½ MANGUE, COUPÉE EN BÂTONNETS

120 G (4 OZ) DE SAUMON FUMÉ, GRAVLAX (P. 178) OU DES RESTES DE SAUMON OU DE POULET

PRÉPARATION

1. Dans un petit bol, mélanger la mayonnaise et la sauce sriracha. Réserver.

2. Épépiner le concombre et le couper en petits bâtonnets.

3. Dans un grand plat, tremper les feuilles de riz dans de l'eau chaude, selon les instructions sur l'emballage.

4. Garnir les feuilles avec le riz cuit, les poivrons, la mangue, les bâtonnets de concombre, la mayonnaise épicée et le saumon. Les façonner en rouleaux.

SOUPE INSTANTANÉE

:·:·:·: **POUR 1 PORTION** :·:·:·:

INGRÉDIENTS

7,5 ML (1½ C. À THÉ) DE BOUILLON DE LÉGUMES
OU DE POULET EN POUDRE
10 FEUILLES DE BÉBÉS ÉPINARDS
VERMICELLES DE RIZ
1 CHAMPIGNON, ÉMINCÉ
16 PETITS CUBES DE TOFU
1 OIGNON VERT, HACHÉ FINEMENT
2,5 ML (½ C. À THÉ) D'HUILE DE SÉSAME GRILLÉ
EAU BOUILLANTE

PRÉPARATION

1. Verser le bouillon en poudre dans un pot Mason de 500 ml (2 tasses).

2. Superposer les épinards, les vermicelles de riz, le champignon, le tofu et l'oignon vert. Terminer avec l'huile de sésame.

3. Conserver au frais. Au moment de servir, remplir le pot Mason d'eau bouillante. Laisser reposer une minute et déguster.

INGRÉDIENTS

LÉGUMES

BÉBÉS ÉPINARDS

CAROTTES RÂPÉES

CHAMPIGNONS DÉSHYDRATÉS

CHAMPIGNONS FRAIS

CHOU HACHÉ

EDAMAMES

FÈVES GERMÉES

GRAINS DE MAÏS

MORCEAUX DE POIVRON

OIGNONS VERTS, HACHÉS

PETITS BOUQUETS DE BROCOLI
OU DE CHOU-FLEUR

TOMATES CERISES, COUPÉES
EN DEUX

AROMATES

ANIS ÉTOILÉ

BASILIC THAÏ

CITRONNELLE, HACHÉE

CORIANDRE

GINGEMBRE, HACHÉ

JUS DE LIME

MENTHE

MISO

PROTÉINES

CREVETTES

CUBES DE TOFU

MORCEAUX DE POULET

RESTES DE STEAK

PRATICO-PRATIQUE

· · · · ·

Connaissez-vous les goûts de vos enfants ? Aiment-ils vraiment le contenu de leur boîte à lunch ? Pour aborder la discussion de façon amusante, voici une liste de questions à poser aux enfants ainsi qu'aux mamans et aux papas responsables des lunchs. La seule règle du jeu : posez les questions aux intéressés séparément et vous verrez si vous obtenez les mêmes réponses !

POUR L'ENFANT

· 1 · Quel est ton lunch préféré ?

· 2 · Quel est le lunch que tu détestes le plus ?

· 3 · Si tu avais le choix, tu mangerais ton lunch ou un plat offert à la cafeteria ?

· 4 · De quels ingrédients est composé ton sandwich de rêve ?

· 5 · Préfères-tu les lunchs chauds ou les lunchs froids ?

· 6 · Lequel de tes amis a les plus beaux lunchs ? Pourquoi ?

· 7 · Selon toi, à quel âge les enfants devraient-ils commencer à préparer leurs lunchs eux-mêmes ?

POUR MAMAN OU PAPA

· 1 · Quel est le lunch préféré de votre fille ou de votre garçon ?

· 2 · Quel est le lunch que votre fille ou votre garçon déteste le plus ?

· 3 · Si on donnait le choix à votre enfant, mangerait-il son lunch ou un plat offert à la cafeteria ?

· 4 · Quels ingrédients trouve-t-on dans son sandwich de rêve ?

· 5 · Votre enfant préfère-t-il les lunchs chauds ou les lunchs froids ?

· 6 · Lequel de ses amis a les plus beaux lunchs ? Pourquoi ?

· 7 · À quel âge les enfants devraient-ils commencer à préparer leurs lunchs eux-mêmes ?

# SALADES

Avec les salades, difficile de se tromper tant il existe de variétés de verdures : épinards, roquette, mesclun, laitue Boston, iceberg, etc. On y ajoute ensuite des ingrédients qui apportent couleurs, saveurs et textures. On obtient alors une délicieuse salade remplie de vitalité et de vitamines pouvant être servie en accompagnement ou en plat principal.

SALADE DE CHOU FRISÉ ET DE CHOU ROUGE

INGRÉDIENTS

125 ML (½ TASSE) DE NOISETTES (FACULTATIF)

½ POMME GRANNY SMITH

500 ML (2 TASSES) DE CHOU ROUGE ÉMINCÉ

750 ML (3 TASSES) DE CHOU FRISÉ (KALE), SANS LES TIGES, COUPÉ EN GROS MORCEAUX

125 ML (½ TASSE) DE BAIES DE GRENADE

VINAIGRETTE

15 ML (1 C. À SOUPE) D'ANETH

15 ML (1 C. À SOUPE) DE CRÈME SURE

15 ML (1 C. À SOUPE) DE MAYONNAISE

5 ML (1 C. À THÉ) DE VINAIGRE DE CIDRE

5 ML (1 C. À THÉ) D'HUILE D'OLIVE

5 ML (1 C. À THÉ) D'EAU

PRÉPARATION

1. Préchauffer le four à 180 °C (350 °F).

2. Placer les noisettes sur une plaque de cuisson. Griller au four 7 minutes.

3. Retirer le cœur de la pomme et la couper en très fines tranches.

4. Dans un bol, mettre les pommes, le chou rouge, le chou frisé, les baies de grenade et les noisettes.

5. Pour la vinaigrette, dans un contenant à couvercle, mettre l'aneth, la crème sure, la mayonnaise, le vinaigre de cidre, l'huile d'olive et l'eau. Fermer le couvercle et mélanger.

6. Verser la vinaigrette sur la salade et mélanger ou assembler au moment de déguster.

Pour accompagner cette salade, essayez le craquelin aux dattes (p. 147) ou tartinez une tranche de pain ou une biscotte de fromage de chèvre.

SALADE FRUITÉE-SALÉE

:::::::: **POUR 1 PORTION** ::::::::

INGRÉDIENTS

500 - 750 ML (2-3 TASSES)
DE MESCLUN

10 RAISINS ROUGES, COUPÉS
EN DEUX

75 ML (⅓ TASSE) DE FROMAGE
CHEDDAR, COUPÉ EN CUBES

½ AVOCAT, COUPÉ EN CUBES

45 ML (3 C. À SOUPE) D'AMANDES
TRANCHÉES ET GRILLÉES
(FACULTATIF)

VINAIGRETTE

1 OIGNON VERT (PARTIE VERTE
SEULEMENT)

15 ML (1 C. À SOUPE) D'HUILE D'OLIVE

5 ML (1 C. À THÉ) DE MIEL

5 ML (1 C. À THÉ) DE VINAIGRE DE CIDRE

SEL ET POIVRE, AU GOÛT

PRÉPARATION

1. Dans un bol, mélanger le mesclun, les raisins, le fromage, l'avocat
   et les amandes.

2. Pour la vinaigrette, réduire à la mixette la tige de l'oignon vert
   avec l'huile d'olive, le miel, le vinaigre de cidre, le sel et le poivre.

3. Conserver la vinaigrette dans un petit contenant hermétique
   et verser sur la salade au moment de déguster.

QUINOA AU SAUMON

INGRÉDIENTS

7 QUARTIERS DE MANDARINE
DANS LE SIROP

250 ML (1 TASSE) DE QUINOA CUIT

¼ D'AVOCAT, COUPÉ EN CUBES

75 ML (⅓ DE TASSE) DE SAUMON
FRAIS OU EN CONSERVE, ÉMIETTÉ

1 OIGNON VERT, HACHÉ

VINAIGRETTE

15 ML (1 C. À SOUPE) D'HUILE
D'OLIVE

5 ML (1 C. À THÉ) DE VINAIGRE
BALSAMIQUE BLANC

SEL ET POIVRE, AU GOÛT

PRÉPARATION

1. Éponger les quartiers de mandarine avec du papier absorbant.

2. Dans un bol, mélanger le quinoa, les cubes d'avocat, le saumon,
   l'oignon vert et 6 des 7 quartiers de mandarine.

3. Pour la vinaigrette, réduire à la mixette le quartier de mandarine
   restant avec l'huile d'olive, le vinaigre balsamique, le sel et le poivre.

4. Verser la vinaigrette sur la salade et mélanger.

SALADE ÉPINARDS ET BACON

········· **POUR 1 PORTION** ·········

INGRÉDIENTS

500 ML (2 TASSES) D'ÉPINARDS, BIEN TASSÉS

3 TRANCHES DE BACON CROUSTILLANTES, ÉMIETTÉES

60 ML (¼ TASSE) DE FETA, ÉMIETTÉ

6 MÛRES

VINAIGRETTE

15 ML (1 C. À SOUPE) DE VINAIGRE BALSAMIQUE

15 ML (1 C. À SOUPE) DE MAYONNAISE

15 ML (1 C. À SOUPE) D'HUILE D'OLIVE

5 ML (1 C. À THÉ) DE SIROP D'ÉRABLE

SEL ET POIVRE, AU GOÛT

PRÉPARATION

1. Dans un bol, mélanger les épinards, le bacon, le feta et les mûres.

2. Pour la vinaigrette, dans un contenant à couvercle, verser le vinaigre balsamique, la mayonnaise, l'huile d'olive, le sirop d'érable, le sel et le poivre. Fermer le couvercle et mélanger.

3. Verser la vinaigrette sur la salade et mélanger ou assembler au moment de déguster.

SALADE POMMES DE TERRE ET CHORIZO

⋯⋯⋯ **POUR 2 PORTIONS** ⋯⋯⋯

INGRÉDIENTS

16 POMMES DE TERRE GRELOT, COUPÉES EN 4

50 ML (3 C. À SOUPE + 1 C. À THÉ) D'HUILE D'OLIVE

18 ASPERGES MOYENNES, PARÉES

24 TRANCHES DE CHORIZO OU **5** TRANCHES DE BACON, COUPÉES EN CINQ

SEL ET POIVRE, AU GOÛT

VINAIGRETTE

15 ML (1 C. À SOUPE) DE MOUTARDE À L'ANCIENNE

5 ML (1 C. À THÉ) DE VINAIGRE DE CIDRE

15 ML (1 C. À SOUPE) DE CIBOULETTE CISELÉE

PRÉPARATION

1. Préchauffer le four à 180 °C (350 °F).

2. Placer les quartiers de pommes de terre sur une plaque de cuisson, les arroser avec 15 ml (1 c. à soupe) d'huile d'olive et les saler.

3. Cuire au four 30 minutes.

4. Pendant ce temps, couper les asperges en tronçons de 2,5 cm (1 po). Dans un bol, les arroser avec 5 ml (1 c. à thé) d'huile d'olive et les saler.

5. Déposer les asperges avec les pommes de terre sur la plaque de cuisson. Poursuivre la cuisson 15 minutes.

6. Pour la vinaigrette, dans un contenant à couvercle, verser les 30 ml (2 c. à soupe) d'huile d'olive restants, la moutarde, le vinaigre de cidre, la ciboulette, le sel et le poivre. Fermer le couvercle et mélanger.

7. Dans un bol, mettre les pommes de terre, les asperges, le chorizo ou le bacon. Verser la vinaigrette et mélanger. Rectifier l'assaisonnement, si nécessaire.

SALADE DE PÂTES AU PESTO

:::::: **POUR 1 PORTION** ::::::

INGRÉDIENTS

310 ML (1¼ TASSE) DE FARFALLE

60 ML (¼ TASSE) DE NOIX DE PIN

15 ML (1 C. À SOUPE) DE PESTO, DU COMMERCE

75 ML (⅓ TASSE) DE PERLES DE BOCCONCINI

250 ML (1 TASSE) DE ROQUETTE

SEL, AU GOÛT

PRÉPARATION

1. Préchauffer le four à 180 °C (350 °F).

2. Dans une grande casserole, cuire les pâtes dans l'eau bouillante salée selon les instructions sur l'emballage. Égoutter et réserver.

3. Sur une plaque de cuisson, étaler les noix de pin. Griller au four 8 minutes.

4. Dans un bol, mélanger les pâtes, le pesto, les bocconcinis, la roquette et les noix de pin grillées. Saler au goût.

RIZ AUX TOMATES

INGRÉDIENTS

325 ML (1⅓ TASSE) DE RIZ CUIT

7 TOMATES CERISES, COUPÉES EN DEUX

45 ML (3 C. À SOUPE) DE MENTHE CISELÉE

60 ML (¼ TASSE) DE HARICOTS NOIRS

1 PINCÉE DE PIMENTS FORTS BROYÉS

3 TRANCHES DE FROMAGE HALLOUMI

VINAIGRETTE

5 ML (1 C. À THÉ) D'HUILE D'OLIVE

5 ML (1 C. À THÉ) DE VINAIGRE DE VIN ROUGE

5 ML (1 C. À THÉ) DE JUS DE CITRON

POIVRE, AU GOÛT

PRÉPARATION

1. Dans un bol, mélanger le riz, les tomates cerises, la menthe, les haricots noirs et les piments forts.

2. Ajouter l'huile, le vinaigre de vin rouge, le jus de citron, le poivre et mélanger.

3. Dans une poêle chaude, griller les tranches de fromage des deux côtés.

4. Verser la salade de riz dans un contenant hermétique et ajouter les tranches de fromage grillées sur le dessus.

Encore faim ?
Accompagnez cette
salade d'un muffin au
brocoli et au cheddar
(p. 25).

SALADE DE HARICOTS VERTS

INGRÉDIENTS

4 FINES TRANCHES DE SALAMI
DE GÊNES

75 ML (⅓ TASSE) DE NOIX DE PIN

2 POIGNÉES DE HARICOTS VERTS
(ENVIRON 40 HARICOTS PAR
POIGNÉE)

10 TOMATES CERISES, COUPÉES
EN DEUX

VINAIGRETTE

30 ML (2 C. À SOUPE) D'HUILE D'OLIVE

15 ML (1 C. À SOUPE) DE MOUTARDE
DE DIJON

15 ML (1 C. À SOUPE) DE JUS DE CITRON

POIVRE, AU GOÛT

PRÉPARATION

1. Préchauffer le four à 180 °C (350 °F).

2. Tapisser une plaque de cuisson de papier parchemin. Déposer
   le salami d'un côté et les noix de pin de l'autre. Griller au four
   8 minutes.

3. Dans une casserole d'eau bouillante salée, cuire les haricots
   5 minutes. Égoutter.

4. Dans un bol, mélanger les haricots, les tranches de salami coupées
   en gros morceaux, les noix de pin et les tomates.

5. Pour la vinaigrette, dans un contenant à couvercle, verser l'huile
   d'olive, la moutarde de Dijon, le jus de citron et le poivre. Fermer
   le couvercle et mélanger.

6. Verser la vinaigrette sur la salade et mélanger.

De plus en plus d'épiceries proposent les nouilles japonaises soba, à base de farine de sarrasin. Cette recette est aussi délicieuse avec n'importe quelle sorte de nouilles. Les vermicelles de riz, les ramen, les nouilles udon font aussi bien l'affaire.

SALADE DE NOUILLES SOBA

INGRÉDIENTS

325 ML (1⅓ TASSE) DE NOUILLES SOBA CUITES

125 ML (½ TASSE) DE TOFU MI-FERME, COUPÉ EN CUBES DE 1 CM

125 ML (½ TASSE) D'EDAMAMES

125 ML (½ TASSE) DE MANGUE, COUPÉE EN CUBES

VINAIGRETTE

5 ML (1 C. À THÉ) D'HUILE DE SÉSAME GRILLÉ

5 ML (1 C. À THÉ) DE SAUCE DE POISSON

10 ML (2 C. À THÉ) DE SAUCE SOYA

15 ML (1 C. À SOUPE) DE CASSONADE

15 ML (1 C. À SOUPE) DE JUS DE LIME

QUELQUES GOUTTES DE SAUCE PIQUANTE (SAMBAL ŒLEK, SRIRACHA, TABASCO)

PRÉPARATION

1. Dans un bol, mélanger les nouilles, le tofu, les edamames et la mangue.

2. Pour la vinaigrette, dans un contenant à couvercle, verser l'huile de sésame, la sauce de poisson, la sauce soya, la cassonade, le jus de lime et la sauce piquante. Fermer le couvercle et mélanger.

3. Verser la vinaigrette sur la salade et mélanger. Rectifier l'assaisonnement, si nécessaire.

SALADE D'HERBES
AUX GRAINES DE PAVOT

INGRÉDIENTS

500 ML (2 TASSES) DE MESCLUN,
BIEN TASSÉ

125 ML (½ TASSE) D'UN MÉLANGE
DE BASILIC, DE MENTHE ET DE
CIBOULETTE, CISELÉS

60 ML (¼ TASSE) DE POIS VERTS,
DÉCONGELÉS

3 RADIS, COUPÉS EN FINES
TRANCHES

VINAIGRETTE

15 ML (1 C. À SOUPE) DE MAYONNAISE

5 ML (1 C. À THÉ) DE LAIT

5 ML (1 C. À THÉ) DE VINAIGRE DE CIDRE

5 ML (1 C. À THÉ) DE MIEL

5 ML (1 C. À THÉ) DE GRAINES DE PAVOT

SEL, AU GOÛT

PRÉPARATION

1. Dans un bol, mélanger le mesclun, les herbes, les pois verts et les radis.

2. Pour la vinaigrette, dans un contenant à couvercle, verser la mayonnaise,
   le lait, le vinaigre de cidre, le miel, les graines de pavot et le sel. Fermer
   le couvercle et mélanger.

3. Verser la vinaigrette sur la salade et mélanger ou assembler au moment
   de déguster.

Délicieux avec
les croquettes de
saumon et de patates
douces (p. 21) !

SALADES

PRATICO-PRATIQUE

· · · · ·

1. Melon d'eau + mûres + basilic

2. Cœurs de palmier + olives noires

3. Carottes + graines de tournesol + aneth

4. Concombres + menthe

∵∴∶∷∴∶ REPAS CHAUDS ∶∴∶∷∴∵

Les lunchs chauds, mis dans un thermos ou réchauffés
au micro-ondes à l'heure du dîner, nous rappellent
les repas pris à la maison. Ils sont réconfortants en
toute saison. La soupe aux tomates et aux pois chiches
ou les œufs brouillés se dégustent par tous
les temps, qu'il fasse 25 °C ou −25 °C.

SOUPE AUX TOMATES ET AUX POIS CHICHES

:::::::: **POUR 2 PORTIONS** ::::::::

INGRÉDIENTS

1 BOÎTE DE 398 ML (14 OZ) DE TOMATES, COUPÉES EN DÉS
250 ML (1 TASSE) DE POIS CHICHES, RINCÉS ET ÉGOUTTÉS
125 ML (½ TASSE) DE BOUILLON DE LÉGUMES OU DE POULET
10 ML (2 C. À THÉ) DE THYM FRAIS
1 GOUSSE D'AIL
SEL ET POIVRE, AU GOÛT

PRÉPARATION

1. Placer tous les ingrédients dans un mélangeur et réduire en purée.
2. Réchauffer la soupe dans une casserole, puis verser dans un contenant isotherme.
3. Servir avec des craquelins et du fromage.

COURGE SPAGHETTI AUX BOULETTES

INGRÉDIENTS

10 ML (2 C. À THÉ) D'HUILE D'OLIVE

5 ML (1 C. À THÉ) DE CONCENTRÉ DE TOMATES

1 PINCÉE DE PIMENTS FORTS BROYÉS (FACULTATIF)

250 ML (1 TASSE) DE CHOU FRISÉ (KALE), COUPÉ EN GROS MORCEAUX

5 BOULETTES (P. 182)

375 ML (1½ TASSE) DE COURGE SPAGHETTI CUITE*

SEL ET POIVRE, AU GOÛT

PRÉPARATION

1. Dans une grande poêle à feu moyen, chauffer l'huile d'olive, le concentré de tomates et les piments forts.

2. Ajouter le chou frisé et les boulettes, puis poursuivre la cuisson 2 minutes.

3. Ajouter la courge spaghetti. Saler et poivrer.

4. Une fois la courge chaude, verser la préparation dans un contenant isotherme.

* Comment cuire une courge spaghetti ?

1. Préchauffer le four à 190 °C (375 °F).
2. Couper la courge dans le sens de la longueur. Retirer les graines et les filaments au centre.
3. Saler et poivrer l'intérieur de la courge.
4. Déposer les demi-courges, la surface coupée sur une plaque de cuisson tapissée de papier parchemin.
5. Avec une fourchette, piquer la peau de la courge à une dizaine d'endroits.
6. Cuire au four de 60 à 90 minutes, selon la grosseur de la courge.
7. Avec une fourchette, gratter l'intérieur de la courge pour récupérer la chair.

SOUPE AUX BOULETTES

INGRÉDIENTS

500 ML (2 TASSES) DE BOUILLON DE POULET
45 ML (3 C. À SOUPE) DE PÂTES ALPHABET
1 CAROTTE, COUPÉE EN DÉS
5 BOULETTES (P. 182)
250 ML (1 TASSE) DE BÉBÉS ÉPINARDS
POIVRE MOULU, AU GOÛT

PRÉPARATION

1. Dans une casserole moyenne, porter le bouillon à ébullition, puis ajouter les pâtes et les dés de carotte. Poursuivre la cuisson à feu moyen, 10 minutes.

2. Ajouter les boulettes, les bébés épinards et poivrer. Poursuivre la cuisson 2 minutes.

3. Verser la soupe dans un contenant isotherme.

ROUES DE TRACTEUR AUX LÉGUMES

⋮⋮⋮⋮ **POUR 1 PORTION** ⋮⋮⋮⋮

INGRÉDIENTS

175 ML (¾ TASSE) DE ROUES DE TRACTEUR (ROTELLES)

6 TOMATES CERISES ORANGE

6 OLIVES NOIRES, DÉNOYAUTÉES

½ COURGETTE

15 ML (1 C. À SOUPE) D'HUILE D'OLIVE

5 ML (1 C. À THÉ) DE ZESTE DE CITRON HACHÉ

5 ML (1 C. À THÉ) DE BASILIC FRAIS HACHÉ

PRÉPARATION

1. Cuire les pâtes selon les instructions sur l'emballage.

2. Pendant ce temps, couper les tomates et les olives en deux. Couper la courgette en rondelles, puis chaque rondelle en deux.

3. Dans une poêle, sauter les légumes dans l'huile d'olive, cinq minutes avant la fin de la cuisson des pâtes.

4. Ajouter les pâtes cuites, le zeste de citron et le basilic dans la poêle. Mélanger et verser dans un contenant isotherme.

CHAUDRÉE DE LÉGUMES ET DE CREVETTES

:::::: **POUR 2 PORTIONS** ::::::

INGRÉDIENTS

1 POMME DE TERRE, COUPÉE EN DÉS

1 ÉCHALOTE FRANÇAISE, CISELÉE

250 ML (1 TASSE) DE MAÏS EN GRAINS CONGELÉ

250 ML (1 TASSE) DE LAIT

500 ML (2 TASSES) DE BOUILLON DE POULET

15 ML (1 C. À SOUPE) DE FARINE

1 ML (¼ C. À THÉ) DE POUDRE D'AIL

1 PINCÉE DE THYM SÉCHÉ

8 CREVETTES CUITES

2 TRANCHES DE BACON CROUSTILLANTES (FACULTATIF)

POIVRE, AU GOÛT

PRÉPARATION

1. Dans une casserole, à feu élevé, mélanger tous les ingrédients sauf les crevettes et le bacon. Porter à ébullition, puis réduire le feu. Laisser mijoter 20 minutes ou jusqu'à ce que les dés de pomme de terre soient cuits. Remuer de temps à autre pendant la cuisson.

2. Ajouter les crevettes et poursuivre la cuisson 2 minutes.

3. Verser la soupe dans un contenant isotherme.

4. Au moment de déguster, garnir de bacon émietté.

QUINOA AU FROMAGE ET AU BROCOLI

:·:·:·:·: **POUR 3 - 4 PORTIONS** :·:·:·:·:

INGRÉDIENTS

375 ML (1½ TASSE) DE QUINOA CUIT
375 ML (1½ TASSE) DE PETITS BOUQUETS DE BROCOLI CUITS
250 ML (1 TASSE) DE FROMAGE COTTAGE FAIBLE EN GRAS
1 ŒUF
1 GOUSSE D'AIL, HACHÉE FINEMENT
15 ML (1 C. À SOUPE) DE FARINE
15 ML (1 C. À SOUPE) DE CHAPELURE
30 ML (2 C. À SOUPE) DE PARMESAN
SEL ET POIVRE, AU GOÛT

PRÉPARATION

1. Préchauffer le four à 180 °C (350 °F).

2. Dans un grand bol, mélanger le quinoa, les bouquets de brocoli, le fromage cottage, l'œuf, l'ail, la farine, le sel et le poivre.

3. Verser la préparation dans un plat carré d'environ 25 cm (10 po) allant au four.

4. Saupoudrer la chapelure et le parmesan sur le mélange.

5. Cuire au four 30 minutes et placer une portion dans un contenant isotherme.

SAUTÉ AU POULET

:::::::: **POUR 2 PORTIONS** ::::::

INGRÉDIENTS

SAUCE

15 ML (1 C. À SOUPE) D'HUILE
DE SÉSAME GRILLÉ

5 ML (1 C. À THÉ) DE CASSONADE

5 ML (1 C. À THÉ) DE VINAIGRE DE RIZ

300 G (ENVIRON 375 ML /1½ TASSE)
DE POULET, COUPÉ EN CUBES

15 ML (1 C. À SOUPE) DE GINGEMBRE
HACHÉ

1 GOUSSE D'AIL, HACHÉE

30 ML (2 C. À SOUPE) D'HUILE
DE CANOLA

30 ML (2 C. À SOUPE) DE SAUCE SOYA,
RÉDUITE EN SODIUM

1 POIGNÉE DE POIS MANGE-TOUT

1 POIGNÉE DE FÈVES GERMÉES

PRÉPARATION

1. Pour la sauce, dans un petit contenant à couvercle, verser l'huile
   de sésame, la cassonade et le vinaigre de riz. Fermer le couvercle,
   mélanger et réserver.

2. Dans un wok ou une grande casserole, sauter le poulet avec
   le gingembre et l'ail dans l'huile de canola et la sauce soya.

3. Ajouter les pois mange-tout, les fèves germées, la sauce
   et poursuivre la cuisson 1 minute.

4. Servir avec du riz, des vermicelles ou des nouilles ramen.

SOUPE AUX TORTELLINIS ET À LA SAUCISSE

INGRÉDIENTS

1 SAUCISSE ITALIENNE DOUCE

375 ML (1½ TASSE) DE BROCOLI, COUPÉ EN PETITS BOUQUETS

15 ML (1 C. À SOUPE) D'HUILE D'OLIVE

10 TORTELLINIS À LA SAUCISSE (OU AU FROMAGE)

500 ML (2 TASSES) DE BOUILLON DE POULET

15 ML (1 C. À SOUPE) DE PARMESAN RÂPÉ

PIMENTS FORTS BROYÉS, AU GOÛT (FACULTATIF)

PRÉPARATION

1. Préchauffer le four à 180 °C (350 °F).

2. Sur une plaque de cuisson tapissée de papier parchemin, déposer la saucisse d'un côté et le brocoli de l'autre. Enrober le brocoli d'huile d'olive. Cuire au four 20 minutes en prenant soin de retourner la saucisse et de remuer le brocoli à mi-cuisson.

3. Pendant ce temps, dans une casserole d'eau bouillante salée, cuire les tortellinis le minimum de temps indiqué sur l'emballage. Égoutter les pâtes.

4. Verser le bouillon de poulet dans la casserole. Ajouter la saucisse coupée en rondelles, les bouquets de brocoli et les tortellinis. Réchauffer à feu moyen jusqu'à ce que le bouillon soit chaud.

5. Verser la soupe dans un contenant isotherme.

6. Au moment de déguster, ajouter le parmesan râpé et les piments forts broyés.

ŒUFS BROUILLÉS AUX DEUX TOMATES

INGRÉDIENTS

2 ŒUFS
60 ML (¼ TASSE) DE LAIT
15 ML (1 C. À SOUPE) DE FROMAGE DE CHÈVRE
15 ML (1 C. À SOUPE) DE TOMATES SÉCHÉES, HACHÉES FINEMENT
5 TOMATES CERISES, COUPÉES EN DEUX
125 ML (½ TASSE) DE JAMBON BLANC, COUPÉ EN CUBES DE 1 CM
POIVRE, AU GOÛT

PRÉPARATION

1. Dans un cul-de-poule, fouetter les œufs, le lait et le fromage de chèvre. Poivrer et ajouter les tomates séchées.

2. Dans une poêle antiadhésive, cuire le mélange d'œufs à feu moyen élevé en remuant constamment.

3. Après une minute, ajouter les tomates cerises et le jambon. Poursuivre la cuisson environ une minute ou jusqu'à l'obtention de la texture désirée.

4. Verser dans un contenant isotherme.

CHILI CLASSIQUE

INGRÉDIENTS

454 G (1 LB) DE BŒUF HACHÉ EXTRA MAIGRE

10 ML (2 C. À THÉ) D'HUILE D'OLIVE

1 OIGNON, HACHÉ

1 BOÎTE DE 540 ML (19 OZ) DE TOMATES EN DÉS

1 BOÎTE DE 540 ML (19 OZ) DE HARICOTS PINTO

5 ML (1 C. À THÉ) DE POUDRE DE CHILI

5 ML (1 C. À THÉ) DE POUDRE D'AIL

2,5 ML (½ C. À THÉ) DE CUMIN

2,5 ML (½ C. À THÉ) DE SUCRE

1 ML (¼ C. À THÉ) DE PIMENTS FORTS BROYÉS

250 ML (1 TASSE) D'EAU

PRÉPARATION

1. Dans une grande casserole, dorer le bœuf haché dans l'huile d'olive.

2. Ajouter le reste des ingrédients. Mélanger et porter le chili à ébullition. Réduire le feu et laisser frémir 20 minutes. Remuer de temps à autre.

Garnir de coriandre, de crème sure, de fromage râpé, de croustilles au maïs, de tranches d'avocat, d'oignons verts hachés ou de grains de maïs.

PRATICO-PRATIQUE

· · · · ·

L'année scolaire bat son plein, la routine s'installe
et vous en êtes peut-être au 100ᵉ lunch depuis la rentrée.
Certains matins, c'est normal de se trouver moins créatif.
Heureusement, il existe des astuces qui apportent de
la nouveauté dans la boîte à lunch !

· 1 ·

Décomposer les lunchs à la manière des *bentō* japonais, ces boîtes
compartimentées. Au lieu d'assembler un sandwich au jambon,
placer chacun des ingrédients dans les différents compartiments :
mini-croissants, cubes de fromage, jambon roulé. Il s'agit de la
même recette, mais présentée de manière déstructurée.

· 2 ·

Présenter les salades dans des pots Mason en superposant chacun des
ingrédients. C'est simple et joli.

· 3 ·

Vient le moment où l'on se lasse du pain brun aux sept céréales. Opter alors pour un croissant, une miche campagnarde, des petits pains Kaiser, des muffins anglais, une fougasse aux olives, une baguettine aux noix, un bagel, un pain pumpernickel...

· 4 ·

Les tomates détrempent les tranches de pain d'un sandwich. Ce n'est pas une raison pour les bouder. Placer les tomates coupées en tranches dans un contenant et, à l'heure du lunch, les ajouter à n'importe quel sandwich.

· 5 ·

Au travail, conserver des condiments en petit format dans un tiroir de votre bureau. Sel, poivre, huile d'olive, sauce piquante peuvent donner de l'éclat à un lunch fade.

· 6 ·

Si c'est possible, dresser une assiette. La salade sera alors plus attrayante à déguster que dans un contenant de plastique.

 SANDWICHS

Le sandwich est indétrônable de la boîte à lunch.
Il s'adapte aux modes (bonjour bacon) et traverse les
époques (adieu jambon en conserve) ! C'est que le
sandwich demeure facile et rapide à exécuter même
si on ne se contente pas de viandes froides prises
entre deux tranches de pain brun.

SANDWICH AU PROSCIUTTO ET AUX FIGUES

INGRÉDIENTS

2 TRANCHES DE PAIN AU ROMARIN
15 ML (1 C. À SOUPE) DE FROMAGE DE CHÈVRE
3 TRANCHES DE PROSCIUTTO
½ FIGUE, TRANCHÉE FINEMENT
VINAIGRE BALSAMIQUE
125 ML (½ TASSE) DE ROQUETTE

PRÉPARATION

1. Tartiner les tranches de pain de fromage de chèvre.

2. Déposer le prosciutto sur une tranche de pain, puis ajouter les tranches de figue.

3. Verser un filet de vinaigre balsamique sur les fruits et couvrir de roquette.

4. Fermer le sandwich.

SANDWICH AU PÂTÉ DE VOLAILLE ET AUX COURGETTES

∷∷∷ POUR 1 SANDWICH ∷∷∷

INGRÉDIENTS

1 COURGETTE JAUNE
1 COURGETTE VERTE
2 TRANCHES DE PAIN DE CAMPAGNE
30 ML (2 C. À SOUPE) DE PÂTÉ DE VOLAILLE, DU COMMERCE
MOUTARDE, AU GOÛT
1 TRANCHE DE FROMAGE SUISSE

PRÉPARATION

1. À l'aide d'un économe, d'une mandoline ou d'une râpe à fromage, couper quatre rubans de courgette jaune et quatre de courgette verte. Garder le reste des courgettes dans un contenant hermétique au réfrigérateur pour le sandwich du lendemain.

2. Tartiner une des tranches de pain de pâté de volaille, et l'autre de moutarde.

3. Ajouter le fromage et les tranches de courgette sur le pâté de volaille.

4. Fermer le sandwich.

Ce sandwich se prépare aussi bien avec du saumon fumé,
un reste de poisson ou du gravlax (p. 178).

SANDWICH AU SAUMON

INGRÉDIENTS

2 TRANCHES DE PAIN CARRÉ
15 ML (1 C. À SOUPE) DE FROMAGE À LA CRÈME
15 ML (1 C. À SOUPE) DE GUACAMOLE (P. 181)
4 FINES TRANCHES DE CONCOMBRE
SAUMON FUMÉ

PRÉPARATION

1. Tartiner une des tranches de pain de fromage à la crème, et l'autre de guacamole.

2. Déposer les concombres sur le fromage à la crème.

3. Déposer le saumon sur le guacamole.

4. Fermer le sandwich.

PAIN PLAT AU BACON

INGRÉDIENTS

1 PAIN PLAT

15 ML (1 C. À SOUPE) DE HOUMOUS

15 ML (1 C. À SOUPE) DE MAYONNAISE
NATURE OU FUMÉE (P. 196)

1 TRANCHE DE POIVRON RÔTI*

3 TRANCHES DE BACON, CUITES

PRÉPARATION

1. Couper le pain plat en deux, horizontalement.

2. Tartiner une des tranches de pain de houmous,
   et l'autre de mayonnaise.

3. Éponger le poivron rôti avec du papier absorbant.

4. Déposer le poivron sur le houmous et ajouter le bacon.

5. Fermer le sandwich.

*Presque toutes les épiceries vendent de bons poivrons rôtis dans des pots
 en verre ou en conserve. Pour les préparer à la maison : enrober le poivron
 d'environ 5 ml (1 c. à thé) d'huile d'olive. Griller au four, à 200 °C (400 °F),
 30 minutes. Une fois le poivron refroidi, la peau s'enlèvera facilement.

SANDWICH AU POULET ET EDAMAMES AU SÉSAME

:::::::: **POUR 1 SANDWICH** ::::::::

INGRÉDIENTS

2 TRANCHES DE PAIN CARRÉ

10 ML (2 C. À THÉ) DE MAYONNAISE

15 ML (1 C. À SOUPE) DE PURÉE D'EDAMAMES (P. 176)

125 ML (½ TASSE) DE POULET, EFFILOCHÉ

60 ML (¼ TASSE) DE LUZERNE

PRÉPARATION

1. Tartiner une des tranches de pain de mayonnaise, et l'autre de purée d'edamames.

2. Déposer le poulet sur la mayonnaise, puis la luzerne.

3. Fermer le sandwich.

TARTINE SUÉDOISE

INGRÉDIENTS

1 ŒUF
1 TRANCHE DE PAIN DE SEIGLE
2 FEUILLES DE LAITUE BOSTON
8 RONDELLES DE CONCOMBRE
125 ML (½ TASSE) DE CREVETTES NORDIQUES
15 ML (1 C. À SOUPE) DE MAYONNAISE
5 ML (1 C. À THÉ) DE CIBOULETTE, HACHÉE FINEMENT
1 QUARTIER DE CITRON

PRÉPARATION

1. Dans une casserole, recouvrir l'œuf d'eau froide, mettre le couvercle et porter à ébullition. Retirer du feu et laisser reposer 20 minutes.

2. Rincer l'œuf sous l'eau froide, puis enlever la coquille. Couper en tranches.

3. Sur la tranche de pain, déposer les feuilles de laitue, les tranches d'œuf, de concombre et les crevettes.

4. Garnir de mayonnaise, de ciboulette et d'un quartier de citron.

SANDWICH À LA DINDE

INGRÉDIENTS

2 TRANCHES DE PAIN CARRÉ

1 ML (¼ C. À THÉ) DE BEURRE OU DE MARGARINE

15 ML (1 C. À SOUPE) DE MARMELADE D'ORANGES,
DU COMMERCE

1 TRANCHE DE FROMAGE PROVOLONE

1 FEUILLE DE LAITUE BOSTON

3 MINCES TRANCHES DE DINDE

PRÉPARATION

1. Tartiner une des tranches de pain de beurre ou de margarine,
   et l'autre de marmelade d'oranges.

2. Déposer la tranche de fromage sur la marmelade.

3. Déposer la laitue sur le beurre, puis couvrir avec les tranches
   de dinde.

4. Fermer le sandwich.

SANDWICH AU RÔTI DE PORC

INGRÉDIENTS

1 PETIT PAIN AUX CÉRÉALES
1 ML (¼ C. À THÉ) DE BEURRE OU DE MARGARINE
5 ML (1 C. À THÉ) DE MOUTARDE AU MIEL
1 TRANCHE DE FROMAGE À RACLETTE
1 TRANCHE ÉPAISSE DE RÔTI DE PORC
125 ML (½ TASSE) DE RADICCHIO ÉMINCÉ

PRÉPARATION

1. Couper le pain en deux, horizontalement.

2. Tartiner l'une des moitiés du pain de beurre
   ou de margarine, et l'autre de moutarde au miel.

3. Déposer le fromage sur la moutarde au miel,
   puis ajouter le rôti de porc et le radicchio.

4. Fermer le sandwich.

TARTINE GOURMANDE

INGRÉDIENTS

250 ML (1 TASSE) DE TOMATES CERISES

3 GOUSSES D'AIL

OU

250 ML (1 TASSE) DE RAISINS ROUGES
SANS PÉPINS

4 BRANCHES DE THYM

15 ML (1 C. À SOUPE) D'HUILE D'OLIVE

1 TRANCHE DE PAIN DE CAMPAGNE

60 ML (¼ TASSE) DE RICOTTA

30 ML (2 C. À SOUPE) DE MIEL

TRANCHES DE PROSCIUTTO

SEL

PRÉPARATION

1. Préchauffer le four à 180 °C (350 °F).

2. Déposer les tomates cerises ou les raisins rouges sur une plaque de
   cuisson tapissée de papier parchemin. Ajouter le thym et saler. Pour
   les tomates cerises, ajouter les gousses d'ail sur la plaque de cuisson.

3. Verser l'huile sur les tomates ou les raisins et bien les enrober. Cuire
   au four 20 minutes.

4. Pendant ce temps, griller la tranche de pain au grille-pain.

5. Conserver la tranche de pain, la ricotta et le mélange de tomates ou
   de raisins dans des contenants séparés. Assembler à l'heure du lunch.

6. Tartiner la tranche de pain de ricotta, puis déposer le mélange de
   tomates ou de raisins. Pour le mélange de raisins, verser le miel sur
   la tartine.

7. Accompagner de tranches de prosciutto.

SANDWICH AU RÔTI DE BŒUF

INGRÉDIENTS

1 PAIN KAISER AUX GRAINES DE PAVOT

15 ML (1 C. À SOUPE) DE FROMAGE À LA CRÈME
AUX HERBES ET À L'AIL

MOUTARDE AU MIEL, AU GOÛT

1 GRANDE FEUILLE DE BETTE À CARDE

4 TRANCHES DE RÔTI DE BŒUF

PRÉPARATION

1. Couper le pain en deux, horizontalement.

2. Tartiner l'une des moitiés du pain de fromage à la crème,
   et l'autre de moutarde au miel.

3. Retirer la tige de la bette à carde et couper la feuille en deux
   ou en trois, selon la grosseur.

4. Garnir une moitié du pain avec la bette à carde et le rôti
   de bœuf.

5. Fermer le sandwich.

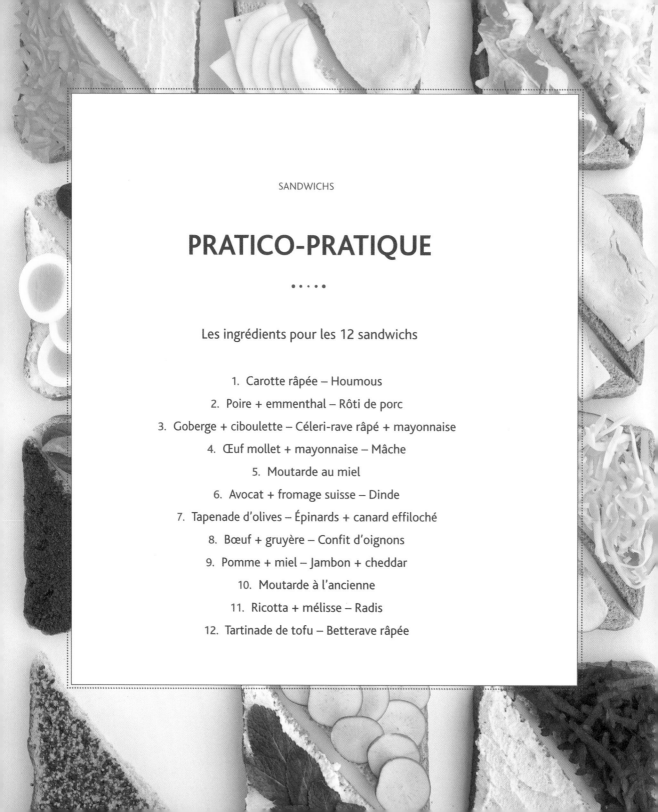

PRATICO-PRATIQUE

· · · · ·

Les ingrédients pour les 12 sandwichs

1. Carotte râpée – Houmous
2. Poire + emmenthal – Rôti de porc
3. Goberge + ciboulette – Céleri-rave râpé + mayonnaise
4. Œuf mollet + mayonnaise – Mâche
5. Moutarde au miel
6. Avocat + fromage suisse – Dinde
7. Tapenade d'olives – Épinards + canard effiloché
8. Bœuf + gruyère – Confit d'oignons
9. Pomme + miel – Jambon + cheddar
10. Moutarde à l'ancienne
11. Ricotta + mélisse – Radis
12. Tartinade de tofu – Betterave râpée

⋮⋮⋮⋮ JE L'AI FAIT MOI-MÊME ! ⋮⋮⋮⋮

Avec quelques recettes faciles à suivre et un minimum de connaissances culinaires, les enfants peuvent apprendre à faire leurs lunchs. Les recettes qui suivent ont été conçues spécialement pour eux, mais elles plairont certainement aussi aux adultes. Avouons-le : il n'y a pas d'âge pour aimer les yogourts à boire et les tartines de confiture !

SALADE D'ŒUF POUR SANDWICH

:::::: POUR 1 SANDWICH ::::::

INGRÉDIENTS

1 ŒUF CUIT DUR

15 ML (1 C. À SOUPE) DE MAYONNAISE

1 ML (¼ C. À THÉ) DE MOUTARDE
OU DE SAUCE SRIRACHA

30 ML (2 C. À SOUPE)
DE CONCOMBRE EN DÉS

POIVRE, AU GOÛT

Remplacer les concombres par trois cornichons sucrés coupés en deux dans le sens de la longueur.

PRÉPARATION

1. Couper l'œuf en quatre et le mettre dans un bol. Écraser l'œuf à l'aide d'une fourchette.

2. Ajouter tous les autres ingrédients et mélanger.

3. Préparer le sandwich.

SALADE DE THON POUR SANDWICH

:::::: POUR 1 SANDWICH ::::::

INGRÉDIENTS

1 BOÎTE DE 85 G (3 OZ) DE THON

30 ML (2 C. À SOUPE) DE POIRE EN DÉS

15 ML (1 C. À SOUPE) DE BASILIC CISELÉ

15 ML (1 C. À SOUPE) DE MAYONNAISE

POIVRE, AU GOÛT

PRÉPARATION

1. Égoutter le thon et le mettre dans un bol.

2. Ajouter les autres ingrédients et mélanger.

3. Préparer le sandwich.

Pour cuire un œuf
dur, utilisez la même
méthode qu'à
la page 94
(tartine suédoise).

Dans le cadre d'un reportage, j'ai
rencontré des élèves qui préparaient
eux-mêmes leurs lunchs. Leur conseil:
pour inciter les enfants à faire leurs
repas, il faut leur montrer les bases.
Pas bête! Voici donc une recette de
salade de thon et une autre d'œuf.
Il ne manque qu'une feuille de laitue,
une tranche de fromage et du pain
pour faire un bon sandwich.

SALADE CÉSAR AU POULET

········· POUR 1 PORTION ·········

INGRÉDIENTS

1 TRANCHE DE PAIN

750 ML (3 TASSES) DE LAITUE
ROMAINE COUPÉE EN BOUCHÉES

250 ML (1 TASSE) DE POULET,
EFFILOCHÉ OU COUPÉ EN CUBES

10 TOMATES CERISES, COUPÉES
EN DEUX

5 COPEAUX DE PARMESAN OU 15 ML
(1 C. À SOUPE) DE PARMESAN RÂPÉ

VINAIGRETTE

1 PETITE GOUSSE D'AIL, HACHÉE
FINEMENT

15 ML (1 C. À SOUPE) DE MAYONNAISE

2,5 ML (½ C. À THÉ) DE JUS DE CITRON

1 ML (¼ C. À THÉ) DE MOUTARDE
DE DIJON

15 ML (1 C. À SOUPE) D'EAU

3 GOUTTES DE SAUCE WORCESTERSHIRE

PRÉPARATION

1. Griller la tranche de pain dans un grille-pain, puis la couper en cubes.

2. Dans un contenant à couvercle, mettre la laitue, le poulet, les tomates
cerises et les cubes de pain. Garnir de parmesan.

3. Pour la vinaigrette, dans un autre contenant à couvercle, déposer l'ail,
la mayonnaise, le jus de citron, la moutarde de Dijon, l'eau et la sauce
Worcestershire. Fermer le couvercle et mélanger.

4. Assembler la salade à l'heure du lunch.

CÉLERI AU FROMAGE

INGRÉDIENTS

4 TIGES DE CÉLERI, COUPÉES EN TRONÇONS
D'ENVIRON 10 CM (4 PO)

15 ML (1 C. À SOUPE) DE FROMAGE
À LA CRÈME NATURE

PRÉPARATION

1. Répartir le fromage à la crème dans le creux
   des bâtonnets de céleri.

Pour un adulte, ajouter 5 ml (1 c. à thé) de raifort et un peu de poivre au fromage à la crème. Le raifort a un goût légèrement épicé.

Le beurre de soya a presque le même goût que le beurre d'arachide.

COMME SI C'ÉTAIT DU BEURRE D'ARACHIDE…

:::::: **POUR 1 SANDWICH** ::::::

INGRÉDIENTS

2 TRANCHES DE PAIN DE BLÉ ENTIER
15 ML (1 C. À SOUPE) DE BEURRE DE SOYA
15 ML (1 C. À SOUPE) DE CONFITURE DE FRAISES
½ POMME, COUPÉE EN TRANCHES OU ½ BANANE, COUPÉE EN RONDELLES

PRÉPARATION

1. Tartiner l'une des tranches de pain de beurre de soya, et l'autre de confiture.

2. Répartir les pommes ou les bananes sur le beurre de soya, puis fermer le sandwich.

CROISSANT JAMBON FROMAGE

POUR 1 SANDWICH

INGRÉDIENTS

1 CROISSANT
15 ML (1 C. SOUPE) DE MAYONNAISE OU DE MOUTARDE
2 TRANCHES DE JAMBON
2 TRANCHES DE FROMAGE SUISSE

PRÉPARATION

1. Demander à un adulte de couper le croissant en deux dans le sens de la longueur.

2. Tartiner l'intérieur du croissant de mayonnaise ou de moutarde.

3. Déposer les tranches de jambon et de fromage sur une moitié du croissant, puis le fermer avec l'autre moitié.

TORTILLA À LA DINDE

INGRÉDIENTS

1 TORTILLA DE BLÉ ENTIER, AUX ÉPINARDS
OU AUX TOMATES SÉCHÉES
2 TRANCHES DE DINDE
2 TRANCHES DE CAMEMBERT
125 ML (½ TASSE) D'ÉPINARDS
15 ML (1 C. À SOUPE) DE CANNEBERGES SÉCHÉES

PRÉPARATION

1. Couvrir la tortilla des tranches de dinde.

2. Ajouter le camembert, les épinards et les canneberges.

3. Rouler la tortilla et couper en rouleau, si désiré.

Une quiche peut paraître compliquée
à préparer, mais c'est tout à fait le
contraire. Tout d'abord, nul besoin de
faire la pâte soi-même. Certaines
boulangeries en préparent avec un
minimum d'ingrédients : de la farine,
du beurre, de l'eau et du sucre.
La clé lorsqu'on achète une pâte
à tarte du commerce, c'est de pouvoir
identifier les ingrédients qu'elle
contient. Ces pâtes préparées sont
souvent déjà abaissées et roulées
finement dans du papier parchemin.
Il ne reste plus qu'à tailler différents
cercles de la dimension désirée.

....

**COMBINAISONS POSSIBLES
DE GARNITURES**

· THON ÉMIETTÉ ET TOMATES
· CHAMPIGNONS ÉMINCÉS ET
  FROMAGE DE CHÈVRE ÉMIETTÉ
· JAMBON EN CUBES ET
  RONDELLES DE POIREAUX

QUICHES

INGRÉDIENTS

1 ABAISSE DE PÂTE À TARTE
GARNITURE CHOISIE
FROMAGE CHEDDAR, RÂPÉ
1 ŒUF*
45 ML (3 C. À SOUPE) DE LAIT

PRÉPARATION

1. Préchauffer le four à 200 °C (400 °F).

2. Découper un cercle de pâte de 1 cm (⅜ po) plus grand que le moule à tarte choisi. Foncer le moule en pressant légèrement le fond et les côtés. Couper l'excédent de pâte.

3. Remplir le moule au trois quarts de la garniture choisie. Ajouter un peu de fromage cheddar.

4. Dans une tasse munie d'un bec verseur, fouetter l'œuf avec le lait, puis remplir le moule à tarte du mélange.

5. Cuire au four pendant 35 minutes ou jusqu'à ce que la croûte soit bien dorée.

* Les quantités varient selon la grandeur des moules à tarte.
  Pour trois moules de 8 cm, un œuf suffit.

REPAS SUR UNE BROCHETTE

COMBINAISONS POSSIBLES :

CUBES DE JAMBON
CUBES DE CHEDDAR JAUNE
CUBES DE CHEDDAR BLANC

CUBES DE POULET
OLIVES DÉNOYAUTÉES
QUARTIERS DE CLÉMENTINES

CREVETTES CUITES
MORCEAUX DE MANGUE
RONDELLES DE CŒUR DE PALMIER

BOULETTES DE VIANDE (P. 182)
BROCOLIS CUITS
MORCEAUX D'ANANAS

TRANCHES DE PROSCIUTTO
MORCEAUX DE MELON
TOMATES CERISES
MINI-BOCCONCINI
FEUILLES DE BASILIC

PRÉPARATION

1. Disposer des brochettes en bambou et les ingrédients choisis
   devant les enfants et les laisser exercer leur imagination.

YOGOURT À BOIRE

INGRÉDIENTS

150 ML (⅔ TASSE) DE YOGOURT NATURE

75 ML (⅓ TASSE) DE LAIT 2 %

125 ML (½ TASSE) DE FRAISES

15 ML (1 C. À SOUPE) DE SIROP D'ÉRABLE

PRÉPARATION

1. Dans un mélangeur, verser tous les ingrédients
   et réduire en yogourt à boire.

PRATICO-PRATIQUE

• • • • •

Il y a des aliments que l'on gagne à avoir à portée de main.
En assemblant trois ou quatre ingrédients, on arrive à faire
des miracles même lorsque le réfrigérateur nous semble vide.
Du riz, des cubes de fromage, des morceaux de poivron :
voilà une salade à laquelle on peut ajouter une conserve
de thon. Avec un bagel déniché dans le congélateur, il suffit de
le garnir de fromage à tartiner et de tranches de concombre
pour réussir un « lunch-dépanneur ».

À CONSERVER :

Dans le garde-manger : des fruits séchés, des noix, des conserves de thon, des conserves de pois et de fèves, des compotes de fruits, des craquelins, des boissons de soya, du riz et des pâtes...

Dans le frigo : des fruits, des légumes, des herbes, du yogourt, des œufs, du fromage qu'il soit en bloc, en tranches, en format individuel ou prêt à tartiner...

Dans le congélo : des fruits, des légumes, des bagels, des yogourts en tube, des muffins maison, un pain tranché...

COLLATIONS

L'estomac qui gargouille bruyamment durant un
examen ou une rencontre importante avec un patron,
ce n'est pas génial. C'est même assez gênant ! Voici
quelques en-cas pour amateurs de sucré ou de salé
qui veulent patienter jusqu'au prochain repas.

COMPOTE RAPIDE DE POIRES ET DE FRAISES

∴∴∴∴ **POUR 750 ML (3 TASSES)** ∴∴∴∴

INGRÉDIENTS

1 BOÎTE DE 796 ML (28 OZ) DE POIRES EN CONSERVE
250 ML (1 TASSE) DE FRAISES CONGELÉES

PRÉPARATION

1. Ouvrir la boîte de poires et séparer les fruits du jus. Réserver le jus.

2. Placer les poires et les fraises dans un mélangeur. Ajouter ¼ tasse du jus des poires.

3. Réduire les fruits en une purée lisse.

Une visite dans une boutique d'aliments en vrac permet de créer des mélis-mélos originaux et économiques. On choisit de-ci de-là parmi les céréales, les fruits séchés et les différentes graines. Une fois le mélange fait, il est possible de l'aromatiser. Mais franchement, c'est aussi bon lorsque le méli-mélo est nature !

MÉLI-MÉLO SANS NOIX

EXEMPLES D'INGRÉDIENTS PARMI LESQUELS CHOISIR :

CÉRÉALES

GRAINES DE TOURNESOL

GRAINES DE CITROUILLE

BÂTONNETS DE SÉSAME

FÈVES DE SOYA

FRUITS SÉCHÉS (POMMES, CERISES,
FRAISES, BLEUETS, MANGUES...)

BRETZEL (EN BÂTONNETS,
EN FORME DE CŒUR OU CARRÉ)

NOIX DE COCO EN FLOCONS

BISCUIT EN FORME DE POISSON
À SAVEUR DE FROMAGE

BISCUITS EN FORME D'OURSON
À SAVEUR DE MIEL

BRISURES DE CHOCOLAT

MÉLI-MÉLO À L'ORANGE ET À LA CANNELLE

•••••• **POUR 500 ML (2 TASSES)** ••••••

INGRÉDIENTS

45 ML (3 C. À SOUPE) DE
MARMELADE D'ORANGES

5 ML (1 C. À THÉ) D'HUILE D'OLIVE

500 ML (2 TASSES) D'UN MÉLANGE
COMPOSÉ DES INGRÉDIENTS
ÉNUMÉRÉS CI-DESSUS

2,5 ML (½ C. À THÉ) DE CANNELLE MOULUE

PRÉPARATION

1. Dans un petit bol, faire fondre la marmelade au four à micro-ondes
   pendant une vingtaine de secondes. Ajouter l'huile d'olive et mélanger.

2. Dans un grand bol, verser la marmelade sur les ingrédients secs.
   Ajouter la cannelle et mélanger.

3. Conserver dans un contenant hermétique.

COMPOTE DE POMMES ROSE

INGRÉDIENTS

12 POMMES MCINTOSH ROUGES
125 ML (½ TASSE) D'EAU

PRÉPARATION

1. Couper les pommes en quatre et retirer le cœur.

2. Couper chaque quartier en six morceaux.

3. Dans une grande casserole, mettre les pommes
   et ajouter l'eau.

4. Porter le mélange à ébullition à feu élevé, puis réduire
   à feu doux. Laisser mijoter de 20 à 30 minutes, selon
   la grosseur des pommes.

5. Verser la préparation dans un mélangeur.
   Réduire jusqu'à l'obtention d'une purée lisse.

Les compotes de pommes
sont souvent de couleur
jaune ou brunâtre. En
choisissant des pommes à
la pelure bien rouge, ça fait
toute une différence. La
compote arbore alors une
couleur rose beaucoup
plus appétissante !

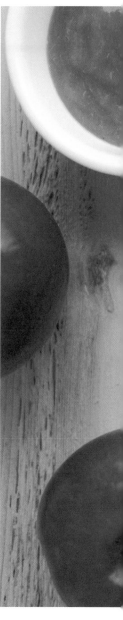

SALADE D'AGRUMES

INGRÉDIENTS

1 PAMPLEMOUSSE ROUGE
1 ORANGE SANGUINE
1 ORANGE
1 PINCÉE DE SAFRAN

PRÉPARATION

1. Au-dessus d'un saladier, prélever les suprêmes des agrumes. Presser la pulpe restante pour récupérer le jus.

2. Ajouter le safran et mélanger.

POUDING AU CHIA

INGRÉDIENTS

75 ML (⅓ TASSE) DE BOISSON DE SOYA À LA VANILLE
15 ML (1 C. À SOUPE) DE GRAINES DE CHIA
½ PÊCHE, COUPÉE EN QUARTIERS

PRÉPARATION

1. Dans un contenant à couvercle, verser la boisson de soya, ajouter les graines de chia et mélanger.

2. Fermer et placer au réfrigérateur une nuit. Le chia gonflera pendant la nuit.

3. Garnir le pouding de pêches coupées.

POIS CHICHES RÔTIS

INGRÉDIENTS

1 BOÎTE DE 540 ML (19 OZ) DE POIS CHICHES,
RINCÉS ET ÉGOUTTÉS

10 ML (2 C. À THÉ) D'HUILE D'OLIVE

5 ML (1 C. À THÉ) DE PIMENTS D'ESPELETTE

1 PINCÉE DE SEL

PRÉPARATION

1. Préchauffer le four à 200 °C (400 °F).

2. Dans un bol, enrober les pois chiches
   d'huile d'olive, de piments d'Espelette et de sel.

3. Déposer les pois chiches sur une plaque
   de cuisson tapissée de papier parchemin.

4. Cuire au four pendant 25 minutes, puis
   retourner les pois chiches pour les mélanger.

5. Poursuivre la cuisson 25 minutes en remuant
   régulièrement.

SMOOTHIES COLORÉS

SMOOTHIE ORANGE

250 ML (1 TASSE) DE MANGUE FRAÎCHE OU CONGELÉE,
COUPÉE EN CUBES D'ENVIRON 2 CM

125 ML (½ TASSE) DE JUS D'ORANGE

125 ML (½ TASSE) D'EAU

SMOOTHIE BLEU

250 ML (1 TASSE) DE BLEUETS FRAIS OU CONGELÉS

250 ML (1 TASSE) DE BOISSON DE SOYA
À LA VANILLE

10 FEUILLES DE BASILIC

PRÉPARATION (POUR TOUS LES SMOOTHIES)

1. Dans un mélangeur, réduire les ingrédients en jus lisse.

POPCORN CONFETTIS

INGRÉDIENTS

750 ML (3 TASSES) DE MAÏS ÉCLATÉ
10 ML (2 C. À THÉ) DE SIROP DE MAÏS BLANC
5 ML (1 C. À THÉ) DE BILLES ARC-EN-CIEL

PRÉPARATION

1. Dans un grand bol, enrober le maïs éclaté du sirop de maïs.

2. Ajouter les billes et mélanger délicatement.

CRAQUELIN AUX DATTES

INGRÉDIENTS

1 CRAQUELIN MULTIGRAINS RECTANGULAIRE
10 ML (2 C. À THÉ) DE FROMAGE DE CHÈVRE
2 DATTES FRAÎCHES OU SÉCHÉES, COUPÉES EN PETITS MORCEAUX
5 ML (1 C. À THÉ) DE GRAINES DE CITROUILLE GRILLÉES
2,5 ML (½ C. À THÉ) DE MIEL

PRÉPARATION

1. Tartiner le craquelin de fromage de chèvre.

2. Répartir les morceaux de dattes et les graines
   de citrouille sur le dessus.

3. Napper de miel.

ROULEAUX AUX FRUITS

INGRÉDIENTS

500 ML (2 TASSES) DE BLEUETS
OU
500 ML (2 TASSES) DE MANGUES,
COUPÉES EN CUBES

PRÉPARATION

1. Préchauffer le four à 75 °C (170 °F).

2. Tapisser une grande plaque de cuisson ou deux petites
   de papier parchemin. Laisser le papier dépasser d'environ
   2 cm (1 po) au moins d'un côté de la plaque.

3. Dans un mélangeur, réduire les fruits en purée.

4. Étaler la purée en une fine couche uniforme sur la plaque
   de cuisson chemisée.

5. Cuire au four de 3 à 4 heures. Le temps varie selon
   la quantité d'eau contenue dans les fruits.

6. Laisser refroidir.

7. Avec une paire de ciseaux propres, couper la pâte de fruits
   avec le papier en ruban. Rouler et nouer les rouleaux aux
   fruits avec une corde ou du washi (ruban adhésif coloré).

PRATICO-PRATIQUE

• • • • •

On rêve tous d'offrir à nos enfants (et à nous-mêmes!)
des barres tendres, des muffins et des craquelins faits maison.
Mais au quotidien, ce n'est pas si facile à réaliser. Par chance,
il y a des collations qui se glissent dans la boîte à lunch sans
culpabilité et, surtout, sans préparation!

FROMAGE EN GRAINS

CÉRÉALES

YOGOURTS

FRUITS ENTIERS (POMMES, ORANGES, POIRES, NECTARINES...)

BOISSONS DE SOYA

FRUITS SÉCHÉS

LÉGUMES SÉCHÉS

ALGUES

JUS DE LÉGUMES

BRETZELS SANS SEL

COMPOTES SANS SUCRE

BARRES DE FRUITS NON SUCRÉES

GALETTES DE RIZ

FÈVES DE SOYA

DESSERTS

Un repas n'est pas complet sans un dessert. Pour la boîte à lunch, personne n'a le temps de se lancer dans des recettes gastronomiques. Des desserts qui se réalisent illico presto le matin ou en grosse quantité le week-end sont essentiels. Pensez à emballer deux portions : vos amis et collègues se bousculeront pour avoir une bouchée.

TARTELETTES AUX PRUNES

INGRÉDIENTS

1 PAQUET DE FROMAGE À LA CRÈME DE 250 G

15 ML (1 C. À SOUPE) D'ESSENCE DE VANILLE

125 ML (½ TASSE) DE SUCRE GLACE

2 PORTIONS DE PÂTE FEUILLETÉE DE 25 CM × 25 CM (10 PO × 10 PO)

10 PRUNES DÉNOYAUTÉES, COUPÉES EN FINES TRANCHES

PRÉPARATION

1. Préchauffer le four à 200 °C (400 °F).

2. À l'aide d'une mixette, fouetter le fromage
   à la crème, l'essence de vanille et le sucre glace.

3. Dérouler les portions de pâte feuilletée et abaisser
   si nécessaire.

4. Couper chaque abaisse en 16 carrés, puis les déposer
   sur une plaque de cuisson.

5. À l'aide d'une fourchette, piquer à deux endroits chaque
   carré de pâte feuilletée.

6. Répartir le mélange de fromage à la crème sur les carrés.
   Couvrir de prunes.

7. Cuire au four de 20 à 25 minutes jusqu'à ce que la pâte
   soit dorée.

BISCUIT GÉANT

INGRÉDIENTS

500 ML (2 TASSES) DE FARINE

5 ML (1 C. À THÉ) DE BICARBONATE DE SOUDE

2,5 ML (½ C. À THÉ) DE POUDRE À PÂTE

2,5 ML (½ C. À THÉ) DE SEL

175 ML (¾ TASSE) DE BEURRE NON SALÉ, RAMOLLI

125 ML (½ TASSE) DE SUCRE

175 ML (¾ TASSE) DE CASSONADE

1 ŒUF

310 ML (1¼ TASSE) DE BRISURES DE CHOCOLAT MI-SUCRÉ

PRÉPARATION

1. Préchauffer le four à 180 °C (350 °F).

2. Tapisser de papier parchemin un moule à charnière de 23 cm (9 po).

3. Dans un bol, mélanger la farine, le bicarbonate de soude, la poudre à pâte et le sel. Réserver.

4. Dans un autre bol, fouetter le beurre, le sucre et la cassonade à l'aide d'une mixette jusqu'à l'obtention d'un mélange lisse.

5. Ajouter l'œuf et continuer de fouetter.

6. Verser graduellement les ingrédients secs.

7. Transférer la préparation à biscuit dans le moule à gâteau en laissant un centimètre entre la bordure du moule et la pâte. Parsemer de brisures de chocolat.

8. Cuire au four 25 minutes.

9. Laisser refroidir 1 heure sur une grille à pâtisserie. Couper en pointes.

ORANGE TREMPÉE
DANS LE CHOCOLAT

INGRÉDIENTS

55 G (2 OZ) DE CHOCOLAT NOIR
10 QUARTIERS D'ORANGE

....
Faire fondre progressivement
pour ne pas brûler le chocolat
....

PRÉPARATION

1. Dans un petit bol, faire fondre le chocolat au four à micro-ondes.

2. Tremper la moitié des quartiers d'orange et les déposer sur une plaque de cuisson tapissée de papier parchemin.

3. Réfrigérer 40 minutes, puis transférer les quartiers d'orange dans un contenant hermétique.

Nous nous sommes
amusés à faire des
étages avec du riz
soufflé nature, aux
cerises et aux bleuets.

CARRÉS AU RIZ SOUFFLÉ ET AUX FRUITS

········ **POUR 16 CARRÉS** ········

INGRÉDIENTS

125 ML (½ TASSE) DE BLEUETS OU DE CERISES CONGELÉS

1 L (4 TASSES) DE GUIMAUVES MINIATURES

60 ML (¼ TASSE) DE BEURRE NON SALÉ

1,25 L (5 TASSES) DE RIZ SOUFFLÉ

PRÉPARATION

Astuce : Mouillez les doigts pour aplanir le mélange de riz soufflé dans le plat. Ainsi, les céréales et les guimauves ne colleront pas sur vos mains !

1. Beurrer un moule carré d'environ 30 cm (12 po).

2. Décongeler les fruits à température ambiante ou dans le four à micro-ondes. Dans une passoire, enlever l'excédent de jus. À l'aide d'une mixette, réduire les fruits en purée. Réserver.

3. Dans une grande casserole, faire fondre les guimauves et le beurre à feu moyen. Lorsque le mélange est lisse, retirer du feu.

4. Ajouter la purée de fruits aux guimauves et mélanger. Verser le riz soufflé et mélanger de nouveau.

5. Transférer la préparation dans le moule beurré. Réfrigérer 30 minutes, puis découper en carrés.

TIRAMISU MINUTE

INGRÉDIENTS

28 G (1 OZ) DE CHOCOLAT MI-SUCRÉ

45 ML (3 C. À SOUPE) DE LAIT
OU D'ESPRESSO

125 ML (½ TASSE) DE FROMAGE
MASCARPONE

2 DOIGTS DE DAME

PRÉPARATION

1. Dans un bol, faire fondre le chocolat dans le lait ou l'espresso au four à micro-ondes.

2. Ajouter le fromage mascarpone et mélanger à l'aide d'un petit fouet.

3. Émietter les biscuits.

4. Répartir la moitié de la ganache dans deux ramequins à couvercle. Ajouter les biscuits émiettés. Couvrir du reste de la ganache.

5. Recouvrir et garder au frais jusqu'au moment de déguster.

TIRAMISU VERSION FRUITÉE

INGRÉDIENTS

15 ML (1 C. À SOUPE) DE SUCRE

30 ML (2 C. À SOUPE) DE LAIT

5 ML (1 C. À THÉ) D'ESSENCE DE VANILLE

125 ML (½ TASSE) DE FROMAGE MASCARPONE

2 DOIGTS DE DAME

8 FRAMBOISES

16 BLEUETS

PRÉPARATION

1. Dans un bol, faire fondre le sucre dans le lait et l'essence de vanille au four à micro-ondes.

2. Ajouter le fromage mascarpone et mélanger à l'aide d'un petit fouet.

3. Émietter les biscuits.

4. Répartir la moitié du fromage dans deux ramequins à couvercle. Ajouter les biscuits émiettés et couvrir du reste de fromage. Décorer avec les framboises et les bleuets.

5. Garder au frais jusqu'au moment de déguster.

Remplacez les bleuets par la même quantité de baies de grenade.

GELÉE DE FRUITS

INGRÉDIENTS

1 SACHET DE GÉLATINE

60 ML (¼ TASSE) D'EAU FROIDE

60 ML (¼ TASSE) D'EAU BOUILLANTE

500 ML (2 TASSES) DE JUS DE CLÉMENTINE FRAÎCHEMENT PRESSÉ (OU UN AUTRE JUS)

125 ML (½ TASSE) DE BLEUETS (OU AUTRE FRUIT)

PRÉPARATION

1. Dans un bol moyen, saupoudrer la gélatine dans l'eau froide. Laisser agir une minute.

2. Verser l'eau bouillante et délayer avec un fouet.

3. Ajouter le jus de clémentine et mélanger.

4. Dans des petits ramequins, répartir les bleuets. Verser ensuite le jus dans les ramequins.

5. Réfrigérer pour figer la préparation.

MUFFINS AUX FRAMBOISES

INGRÉDIENTS

375 ML (1½ TASSE) DE FARINE DE BLÉ ENTIER

250 ML (1 TASSE) DE FARINE TOUT USAGE

125 ML (½ TASSE) DE CASSONADE

10 ML (2 C. À THÉ) DE POUDRE À PÂTE

2,5 ML (½ C. À THÉ) DE BICARBONATE DE SOUDE

2,5 ML (½ C. À THÉ) DE SEL

1 ŒUF

250 ML (1 TASSE) DE LAIT

75 ML (⅓ TASSE) DE BEURRE FONDU

5 ML (1 C. À THÉ) D'ESSENCE DE VANILLE

375 ML (1½ TASSE) DE FRAMBOISES CONGELÉES

PRÉPARATION

1. Préchauffer le four à 180 °C (350 °F).

2. Dans un grand bol, mélanger la farine de blé entier, la farine tout usage, la cassonade, la poudre à pâte, le bicarbonate de soude et le sel.

3. Dans un autre bol, fouetter l'œuf. Ajouter le lait, le beurre fondu et l'essence de vanille.

4. Verser la préparation liquide dans le bol des ingrédients secs et mélanger.

5. Ajouter les framboises et mélanger.

6. Répartir le mélange aux trois quarts dans 12 moules à muffins.

7. Cuire au four 25 minutes.

BISCUITS AU CARAMEL

∷∷∷∷ **POUR 28 BISCUITS** ∷∷∷∷

INGRÉDIENTS

28 BISCUITS GRAHAM AU MIEL
125 ML (½ TASSE) DE BEURRE NON SALÉ
125 ML (½ TASSE) DE CASSONADE
125 ML (½ TASSE) DE PACANES EN MORCEAUX

PRÉPARATION

1. Préchauffer le four à 180 °C (350 °F).

2. Déposer les biscuits sur une grande plaque de cuisson ou deux plaques moyennes tapissées de papier parchemin.

3. Dans une petite casserole, faire fondre le beurre avec la cassonade.

4. Recouvrir les biscuits du caramel obtenu.

5. Répartir les pacanes sur les biscuits et cuire au four 10 minutes.

6. Laisser refroidir les biscuits avant de les séparer.

Remplacez les pacanes par 15 ml (1 c. à soupe) de noix de coco râpée et non sucrée pour une version sans noix.

LA GÂTERIE DU VENDREDI

∷∷∷∷ **POUR 12 GÂTEAUX** ∷∷∷∷

INGRÉDIENTS

30 G (1 OZ) DE CHOCOLAT
NON SUCRÉ

75 ML (⅓ TASSE) DE BEURRE

175 ML (¾ TASSE) D'EAU

125 ML (½ TASSE) DE SUCRE

310 ML (1¼ TASSE) DE FARINE

1 ŒUF

2,5 ML (½ C. À THÉ) DE SEL

2,5 ML (½ C. À THÉ) DE BICARBONATE
DE SOUDE

1 ML (¼ C. À THÉ) DE POUDRE À PÂTE

75 ML (⅓ TASSE) DE BRISURES
DE CHOCOLAT BLANC

75 ML (⅓ TASSE) DE BRISURES
DE CHOCOLAT AU LAIT

PRÉPARATION

1. Préchauffer le four à 160 °C (325 °F).

2. Dans un bol, faire fondre le chocolat et le beurre dans l'eau au four
   à micro-ondes.

3. Dans un grand bol, mélanger tous les ingrédients et le chocolat fondu.

4. Répartir le mélange à gâteau aux trois quarts dans 12 moules à muffins.

5. Cuire au four 35 minutes ou jusqu'à ce qu'un cure-dent inséré au centre
   des petits gâteaux en ressorte propre.

6. Laisser refroidir avant de démouler.

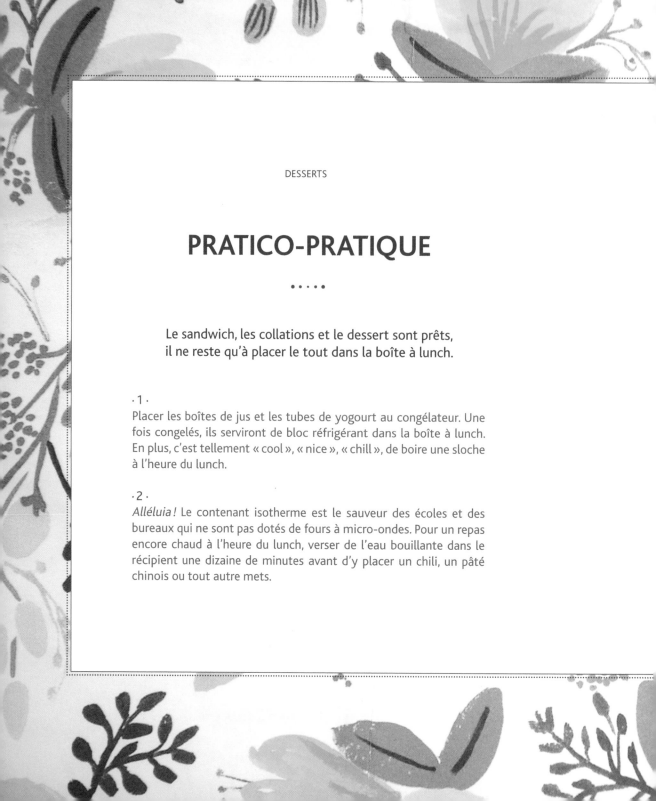

PRATICO-PRATIQUE

· · · · ·

Le sandwich, les collations et le dessert sont prêts,
il ne reste qu'à placer le tout dans la boîte à lunch.

· 1 ·

Placer les boîtes de jus et les tubes de yogourt au congélateur. Une fois congelés, ils serviront de bloc réfrigérant dans la boîte à lunch. En plus, c'est tellement « cool », « nice », « chill », de boire une sloche à l'heure du lunch.

· 2 ·

Alléluia ! Le contenant isotherme est le sauveur des écoles et des bureaux qui ne sont pas dotés de fours à micro-ondes. Pour un repas encore chaud à l'heure du lunch, verser de l'eau bouillante dans le récipient une dizaine de minutes avant d'y placer un chili, un pâté chinois ou tout autre mets.

· 3 ·

Bien des parents rêvent que leurs enfants collaborent à la préparation de leurs lunchs. Pour faire un pas dans cette direction, les contenants de plastique pour les sandwichs, les salades et les collations doivent être attrayants et accessibles. Et non pas dans une armoire à la hauteur des adultes seulement !

· 4 ·

Les pommes, les poires, les pêches, les nectarines, les oranges ne nécessitent absolument aucune préparation ni emballage et se placent en un rien de temps dans une boîte à lunch. En plus, c'est nutritif.

· 5 ·

Certains enfants qui fréquentent la garderie doivent apporter leur propre repas du midi. Il faut penser à couper chaque repas en petites bouchées parce que les éducateurs et éducatrices n'ont pas toujours le temps de le faire.

· 6 ·

Laver régulièrement l'intérieur et l'extérieur de la boîte à lunch avec de l'eau savonneuse.

LE DIMANCHE

En prenant un peu d'avance la fin de semaine, on gagne du temps le reste de la semaine et on se simplifie la vie. Et la beauté de la chose, c'est qu'il n'est pas nécessaire de sacrifier son week-end.

PURÉE D'EDAMAMES

········ **POUR ENVIRON 375 ML (1½ TASSE)** ········

INGRÉDIENTS

500 ML (2 TASSES) D'EDAMAMES, CONGELÉS
15 ML (1 C. À SOUPE) DE GINGEMBRE, GROSSIÈREMENT HACHÉ
15 ML (1 C. À SOUPE) D'HUILE DE SÉSAME GRILLÉ
60 ML (¼ TASSE) D'HUILE DE CANOLA
5 ML (1 C. À THÉ) DE JUS DE CITRON
SEL, AU GOÛT

PRÉPARATION

1. Au four à micro-ondes, décongeler les edamames,
   environ 40 secondes.

2. Mettre les edamames dans un robot. Ajouter le reste des
   ingrédients et réduire jusqu'à l'obtention d'une purée lisse.

3. La purée d'edamames se conserve dans un contenant
   hermétique au réfrigérateur pendant une semaine.

La purée d'edamames
se mange avec
des craquelins,
des croustilles de pita
(p. 191) ou dans
un sandwich (p. 93).

GRAVLAX

INGRÉDIENTS

45 ML (3 C. À SOUPE) DE SUCRE

45 ML (3 C. À SOUPE) DE GROS SEL

15 ML (1 C. À SOUPE) DE GRAINES DE CORIANDRE

15 ML (1 C. À SOUPE) DE GRAINES DE FENOUIL

454 G (1 LB) DE SAUMON DÉSARÊTÉ, SANS PEAU (PARTIE ÉPAISSE DU SAUMON)

3 TIGES D'ANETH

PRÉPARATION

1. Dans un grand bol, mélanger le sucre, le gros sel, les graines de coriandre et de fenouil.

2. Enrober le saumon avec le tiers de cet assaisonnement.

3. Étaler un autre tiers de ce mélange sur une pellicule de plastique suffisamment grande pour recouvrir le saumon.

4. Déposer le saumon sur ce lit d'assaisonnement, puis le recouvrir du dernier tiers du mélange.

5. Disposer les tiges d'aneth sur le saumon et rabattre la pellicule de plastique.

6. Placer le saumon dans un grand plat en verre et le couvrir d'une planche à découper. Déposer une brique, un livre, une boîte de conserve ou tout autre objet lourd sur la planche à découper.

7. Réfrigérer de 24 à 36 heures.

8. Rincer le saumon sous l'eau froide, puis l'éponger avec du papier absorbant.

9. Couper en fines tranches.

Un avocat noirci dans un sandwich, c'est assez rebutant. Pour éviter qu'il ne s'oxyde, ce guacamole contient beaucoup de jus de lime. Il se sert dans un sandwich ou en collation avec des pitas grillés.

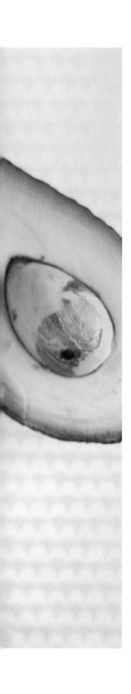

GUACAMOLE

:·:·:·: **POUR ENVIRON 250 ML (1 TASSE)** :·:·:·:

INGRÉDIENTS

2 AVOCATS
30 ML (2 C. À SOUPE) DE JUS DE LIME
1 OIGNON VERT, HACHÉ FINEMENT
75 ML (⅓ TASSE) DE CORIANDRE FRAÎCHE, HACHÉE
SEL ET POIVRE, AU GOÛT

PRÉPARATION

1. Couper les avocats en deux et retirer les noyaux. Prélever la chair à l'aide d'une cuillère à soupe et la déposer dans un bol. Ajouter le jus de lime.

2. Réduire l'avocat en purée à l'aide d'une fourchette.

3. Ajouter l'oignon vert et la coriandre. Saler et poivrer. Mélanger.

4. Verser le guacamole dans un contenant hermétique. Presser une pellicule de plastique directement contre la purée d'avocat pour éviter que celle-ci ne s'oxyde, puis fermer le couvercle. Réfrigérer.

BOULETTES

INGRÉDIENTS

1 ŒUF
454 G (1 LB) DE VEAU HACHÉ, MAIGRE
60 ML (¼ TASSE) DE CHAPELURE
45 ML (3 C. À SOUPE) DE PECORINO RÂPÉ
60 ML (¼ TASSE) DE PERSIL FRAIS HACHÉ
1 PINCÉE DE SEL
POIVRE MOULU, AU GOÛT

PRÉPARATION

1. Préchauffer le four à 150 °C (300 °F).

2. Dans un grand bol, battre l'œuf. Ajouter tous les ingrédients et mélanger avec les mains.

3. Façonner des boulettes d'environ 2,5 cm (1 po) de diamètre. Déposer sur une plaque de cuisson tapissée de papier parchemin.

4. Cuire au four 15 minutes, puis retourner les boulettes et poursuivre la cuisson 10 minutes.

5. Pour congeler les boulettes, les placer sur une plaque de cuisson tapissée de papier parchemin propre en prenant soin de les espacer les unes des autres. Couvrir d'une pellicule de plastique, puis mettre au congélateur pendant 6 heures. Transférer les boulettes dans un sac de congélation.

MOUHAMARA

INGRÉDIENTS

3 POIVRONS ROUGES, ÉPÉPINÉS

5 ML (1 C. À THÉ) DE PIMENT D'ALEP, EN POUDRE
OU 1 PETIT PIMENT ROUGE, FORT

125 ML (½ TASSE) D'HUILE D'OLIVE

10 ML (2 C. À THÉ) DE SEL

250 ML (1 TASSE) DE CHAPELURE

250 ML (1 TASSE) DE NOIX DE GRENOBLE, CONCASSÉES

30 ML (2 C. À SOUPE) DE MÉLASSE DE GRENADE

LE JUS DE ½ CITRON

On trouve la mélasse de grenade dans les épiceries orientales et dans quelques supermarchés. Si nécessaire, la remplacer par un vinaigre balsamique bien sirupeux.

PRÉPARATION

1. Au robot, réduire les poivrons rouges en purée en y ajoutant le piment d'Alep en poudre (ou un petit piment rouge fort).

2. Ajouter l'huile d'olive et le sel en mélangeant.

3. Verser la purée de poivron rouge dans un bol. Incorporer la chapelure, les noix concassées, la mélasse de grenade et le jus de citron. Mélanger.

Cette tartinade de poivrons rouges et de noix de Grenoble est celle de la *teta* (grand-mère, en arabe) de Rima Elkouri, chroniqueuse à *La Presse*. Il s'agit d'une spécialité d'Alep, sa ville natale. Contrairement à d'autres recettes de mouhamara, celle-ci nécessite des poivrons frais et non rôtis. Elle est donc simple et très rapide à préparer. Rima aime déguster cette tartinade tout simplement avec un pain pita. La mouhamara est aussi délicieuse dans un sandwich accompagné d'une viande ou d'une tranche de fromage.

CRAQUELINS AUX GRAINES DE SÉSAME

INGRÉDIENTS

1 BLANC D'ŒUF

30 ML (2 C. À SOUPE) DE MIEL

30 ML (2 C. À SOUPE) DE BEURRE, FONDU

60 ML (¼ TASSE) DE FARINE

175 ML (¾ TASSE) DE GRAINES DE SÉSAME

1 ML (¼ C. À THÉ) DE SEL

PRÉPARATION

1. Préchauffer le four à 150 °C (300 °F).

2. Dans un bol, battre le blanc d'œuf à l'aide d'un fouet, 15 secondes.

3. Ajouter le miel et le beurre fondu, puis fouetter jusqu'à l'obtention d'un mélange homogène.

4. Tout en continuant de fouetter, incorporer graduellement la farine en la saupoudrant. Mélanger jusqu'à la disparition complète des grumeaux.

5. Ajouter les graines de sésame et le sel, puis mélanger avec une cuillère.

6. À l'aide de deux cuillères à soupe, former des ronds avec le mélange de graines de sésame sur une plaque de cuisson tapissée de papier parchemin.

7. Cuire au four 16 minutes en retournant les craquelins à mi-cuisson.

8. Transférer les craquelins dans une boîte hermétique et laisser refroidir avant de fermer le couvercle.

BARRES DE QUINOA AUX CERISES ET AU CHOCOLAT

∷∷∷∷ POUR 14 BARRES ∷∷∷∷

INGRÉDIENTS

500 ML (2 TASSES) D'AVOINE (À CUISSON LENTE)

250 ML (1 TASSE) DE QUINOA

250 ML (1 TASSE) D'AMANDES ENTIÈRES

125 ML (½ TASSE) DE PISTACHES

60 ML (¼ TASSE) DE BEURRE NON SALÉ, RAMOLLI

75 ML (⅓ TASSE) DE MIEL

60 ML (¼ TASSE) DE SIROP D'ÉRABLE

60 ML (¼ TASSE) DE CERISES SÉCHÉES

60 ML (¼ TASSE) DE CHOCOLAT NOIR, COUPÉ EN PETITS MORCEAUX

PRÉPARATION

1. Préchauffer le four à 150 °C (300 °F).

2. Sur une plaque de cuisson, étaler l'avoine, le quinoa, les amandes et les pistaches. Griller au four 15 minutes. Réserver.

3. Dans un grand bol, mélanger le beurre, le miel et le sirop d'érable. Ajouter les ingrédients grillés au four et les cerises séchées. Bien mélanger.

4. Tapisser la plaque de cuisson de papier parchemin. Déposer le mélange de granola sur le papier parchemin et presser fermement afin de former un rectangle d'environ 1 cm (⅜ po) d'épaisseur. Répartir le chocolat sur le dessus du granola.

5. Mettre la plaque de cuisson au four et cuire 20 minutes.

6. Laisser refroidir 1 heure, puis tailler le granola en barres.

7. Conserver les barres une semaine dans un contenant hermétique.

CROUSTILLES DE PITAS GRILLÉS

INGRÉDIENTS

	OU	OU
3 PAINS PITAS	**3** PAINS PITAS	**3** PAINS PITAS
10 ML (2 C. À THÉ) D'HUILE D'OLIVE	**10 ML** (2 C. À THÉ) D'HUILE DE SÉSAME GRILLÉ	**10 ML** (2 C. À THÉ) D'HUILE D'OLIVE
2,5 ML (½ C. À THÉ) DE THYM, SÉCHÉ	**5 ML** (1 C. À THÉ) DE GRAINES DE SÉSAME	**2,5 ML** (½ C. À THÉ) DE PIMENTS FORTS BROYÉS
SEL, AU GOÛT	SEL, AU GOÛT	SEL, AU GOÛT

PRÉPARATION

1. Préchauffer le four à 180 °C (350 °F).

2. Avec des ciseaux propres, séparer les deux épaisseurs des pitas. Couper ensuite en triangles et disposer sur une plaque de cuisson, côté lisse sur le dessus.

3. Avec un pinceau, badigeonner le côté lisse des pitas avec l'huile d'olive ou de sésame.

4. Répartir le thym, les graines de sésame ou le piment broyé et saler.

5. Cuire au four de 12 à 15 minutes jusqu'à ce que les pitas soient dorés.

• VINAIGRETTES •
Les vinaigrettes maison, on les
improvise souvent au jour le jour.
Pourtant, c'est pratique de les
préparer d'avance et d'en avoir
en tout temps dans le frigo.

VINAIGRETTE CATALINA CHIC

:::::: **POUR ENVIRON 250 ML (1 TASSE)** ::::::

Essayez cette vinaigrette avec la salade épinards et bacon (p. 43)

INGRÉDIENTS

4 TOMATES ITALIENNES, COUPÉES EN DEUX

4 GOUSSES D'AIL, COUPÉES EN DEUX

30 ML (2 C. À SOUPE) D'HUILE D'OLIVE

2,5 ML (½ C. À THÉ) DE SEL

5 ML (1 C. À THÉ) DE VINAIGRE DE VIN ROUGE

15 ML (1 C. À SOUPE) D'HUILE D'OLIVE

PRÉPARATION

1. Préchauffer le four à 180 °C (350 °F).

2. Dans un plat de cuisson, déposer les tomates, côté coupé vers le bas. Ajouter l'ail et l'huile d'olive. Cuire au four, 30 minutes.

3. Mettre les tomates, l'ail et l'huile du plat de cuisson dans un mélangeur. Ajouter le reste des ingrédients et réduire en une purée lisse.

4. Verser dans un contenant hermétique et conserver au réfrigérateur.

VINAIGRETTE AU FROMAGE DE CHÈVRE

Délicieuse avec la salade de chou frisé et de chou rouge (p. 36) !

:::::: **POUR ENVIRON 375 ML (1½ TASSE)** ::::::

INGRÉDIENTS

125 ML (½ TASSE) DE MAYONNAISE

125 ML (½ TASSE) DE CRÈME SURE

125 ML (½ TASSE) DE LAIT

5 ML (1 C. À THÉ) DE SAUCE WORCESTERSHIRE

2,5 ML (½ C. À THÉ) DE POUDRE D'OIGNON

250 ML (1 TASSE) DE FROMAGE DE CHÈVRE

POIVRE, AU GOÛT

PRÉPARATION

1. Déposer tous les ingrédients dans un mélangeur et réduire en une purée lisse.

2. Verser dans un contenant hermétique et conserver au réfrigérateur.

Un duo parfait avec la salade fruitée-salée (p. 39).

VINAIGRETTE AU LAIT DE COCO ET À LA CORIANDRE

:::::: **POUR ENVIRON 250 ML (1 TASSE)** ::::::

INGRÉDIENTS

125 ML (½ TASSE) DE LAIT DE COCO

125 ML (½ TASSE) DE YOGOURT GREC NATURE

10 ML (2 C. À THÉ) DE CASSONADE

45 ML (3 C. À SOUPE) DE FEUILLES DE CORIANDRE

10 ML (2 C. À THÉ) DE JUS DE LIME

SEL, AU GOÛT

PRÉPARATION

1. Placer tous les ingrédients dans un mélangeur et réduire en une purée lisse.

2. Verser dans un contenant hermétique et conserver au réfrigérateur.

MAYONNAISE AU CARI

À essayer avec les croquettes de saumon et de patates douces (p. 21)

:::::: **POUR 125 ML (½ TASSE)** ::::::

INGRÉDIENTS

125 ML (½ TASSE) DE MAYONNAISE DU COMMERCE
10 ML (2 C. À THÉ) DE POUDRE DE CARI

PRÉPARATION

1. Mélanger la mayonnaise et la poudre de cari.
2. Verser dans un contenant hermétique et conserver au réfrigérateur.

• MAYONNAISES AROMATISÉES •
Les mayonnaises aromatisées, ça change le goût des sandwichs. C'est aussi délicieux avec les crudités ou les croquettes. En plus, elles se gardent longtemps au réfrigérateur.

MAYONNAISE AU CHIPOTLE

Les piments chipotle ne sont pas épicés. Ils ont un goût de fumée !

:::::: **POUR 125 ML (½ TASSE)** ::::::

INGRÉDIENTS

125 ML (½ TASSE) DE MAYONNAISE DU COMMERCE
10 ML (2 C. À THÉ) DE TABASCO AU CHIPOTLE

PRÉPARATION

1. Mélanger la mayonnaise et le Tabasco.
2. Verser dans un contenant hermétique et conserver au réfrigérateur.

MAYONNAISE ÉPICÉE

C'est la mayo que
l'on goûte dans
certains sushis !

:·:·:·: **POUR 125 ML (½ TASSE)** :·:·:·:

INGRÉDIENTS

125 ML (½ TASSE) DE MAYONNAISE
DU COMMERCE
10 ML (2 C. À THÉ) DE SAUCE SRIRACHA

PRÉPARATION

1. Dans un bol, mélanger la mayonnaise
   et la sauce sriracha.
2. Verser dans un contenant hermétique
   et conserver au réfrigérateur.

PRATICO-PRATIQUE

· · · · ·

Les matins en semaine, chaque minute compte. Entre
la douche-éclair et le petit-déjeuner avalé en vitesse,
c'est à se demander comment on arrive à préparer
les lunchs dans ce tourbillon. Voici quelques astuces
pour prendre un peu d'avance le dimanche.

· 1 ·
Couper les bagels et les replacer dans leur emballage.

· 2 ·
Cuire un gros poulet ou un filet de saumon au four pour les
sandwichs ou les salades de la semaine.

· 3 ·

Laver les fruits et les légumes aussitôt achetés. Ainsi, le matin, on peut filer avec une pomme ou une poire sans se demander s'il faut la laver.

· 4 ·

Couper les légumes et placer les crudités dans un grand contenant. On peut faire la même chose avec les gros fruits comme les melons, les ananas, les mangues et les papayes.

· 5 ·

Préparer un houmous ou une trempette pour les crudités de la semaine.

· 6 ·

En semaine, doubler les recettes des soupers. Le macaroni, le pâté chinois, les sautés ont toujours la cote à l'heure du lunch. On utilise les restes pour la boîte à lunch du lendemain ou on accumule des petits plats dans le congélateur pour les matins pressés.

INDEX

· · · · ·

INDEX PAR ORDRE ALPHABÉTIQUE

REMERCIEMENTS

· · · · ·

D'abord, merci à Stéphanie Bérubé, sans qui cette idée de livre ne m'aurait jamais été proposée. Stéphanie, tu es demeurée positive et tu as su être encourageante même lors de mes périodes de doute. Ça, c'est tout à fait toi !

Un immense merci à Simon Kretz qui a révisé des textes, testé des recettes, lavé de la vaisselle, joué le rôle de psychologue et de motivateur. Merci de m'avoir soutenue.

Puis, un énorme merci à ma maman Line Marseille, mon indispensable assistante en cuisine lors des séances photo. Sans ta présence, je ne suis pas certaine que nous aurions réussi à rendre ce livre dans les délais.

Évidemment, je ne pourrais passer sous silence la participation de Sarah Mongeau-Birkett, qui a pris les magnifiques photos de ce livre. Ç'a vraiment été un charme de collaborer avec toi. En espérant que ce ne sera pas notre dernier projet ensemble !

Merci aussi à Sylvie Latour, l'éditrice de ce livre, qui a dû composer avec un calendrier serré et, surtout, qui m'a évité quelques erreurs ici et là.

Puis à la graphiste Célia Provencher-Galarneau. Tu as une écoute remarquable et une ouverture d'esprit qui méritent d'être soulignées. Dès notre première rencontre, tu as compris l'esprit que nous voulions donner à ce livre. Merci !

Merci à Alice et Loïc Brisebois qui ont gentiment accepté de jouer au mannequin.

Également mon « club de lunchs » de la petite salle de réunion du premier étage à *La Presse* : vous vous reconnaissez ! Merci de votre intérêt et merci d'avoir partagé vos astuces et vos recettes. Je ne pourrais rêver d'une meilleure équipe de travail !

Enfin, je tiens à remercier les boutiques Buk & Nola, Vestibule, William-Sonoma et West Elm pour les jolis accessoires qu'elles nous ont prêtés et à la compagnie Rifle Paper pour son papier.